ULLSTEIN

Das Buch

Gesund genießen – das ist das Zauberwort für Fitness und Wohlbefinden. Auch ALDI hat sich auf veränderte Verbraucherwünsche eingestellt und startet einen neuen Trend im Lebensmittelhandel: Vom Joghurt über TK-Gemüse bis hin zum Fast Food – qualitativ hochwertige und frische Lebensmittel zum ALDI-Preis sind unschlagbar. Die bekannte Autorin Barbara Rias-Bucher stellt Ihnen in ihrem neuesten Ratgeber gesunde und äußerst leckere ALDI-Gerichte für jeden Anlass vor. Egal, ob Sie nun Ihre Ernährung bewusst nach wissenschaftlichen Aspekten gestalten oder einfach nur preiswert, schnell und gesund kochen wollen – hier findet jeder, was er sucht: Ernährungsinformationen, Warenkunde und viele Anregungen, die Lust auf Neues machen.

Die Autorin

Dr. Barbara Rias-Bucher, Mitglied des Food Editors Club und international renommierte Autorin, wurde für ihre Bücher über vegetarische und vollwertige Ernährung mehrfach ausgezeichnet. Sie zählt zu den wichtigsten deutschen Autoren für Koch- und kulinarische Sachbücher.

Barbara Rias-Bucher

Gesund leben mit ALDI

Ungeniert genießen – die besten Rezepte

Ullstein

Ullstein Taschenbuchverlag
Der Ullstein Taschenbuchverlag ist ein Unternehmen der
Econ Ullstein List Verlag GmbH & Co. KG, München
Originalausgabe
1. Auflage 2002

Die Ratschläge in diesem Buch sind von Autorin und Verlag
sorgfältig erwogen und geprüft; dennoch kann eine Garantie
nicht übernommen werden. Eine Haftung der Autorin bzw.
des Verlags und seiner Beauftragten für Personen-, Sach- und
Vermögensschäden ist ausgeschlossen.
Umschlaggestaltung: Petra Soeltzer, Düsseldorf
Titelabbildung: zefa-Benelux
Satz: Pinkuin Satz und Datentechnik, Berlin
Druck und Bindearbeiten: Ebner & Spiegel, Ulm
Printed in Germany
ISBN 3-548-71057-3

INHALT

Einleitung

ALDI ist trendy und dennoch für alle da. ALDI ist Kult und trotzdem unglaublich preiswert. Grund genug, mal nach dem zu forschen, was uns allen so wichtig ist: Kümmert sich ALDI um unsere Fitness? Ist das Angebot auf modernes Kochen abgestimmt? Liegen auch gesunde Produkte in den Regalen?
Drei Fragen, eine Antwort: Ja! Vom richtigen Vollkornbrot bis zum vegetarischen Brotaufstrich, von einer reichen Auswahl an TK-Gemüse bis zu fleischlosen TK-Snacks, vom – buchstäblich ausgezeichneten – Olivenöl zur reinen Pflanzenmargarine mit Joghurtkulturen, vom probiotischen Joghurt bis zum prebiotischen Müsli, von Eiern aus Freilandhaltung bis zu Akazienhonig, vom grünen Tee bis zu Ginseng bekommen Sie so ziemlich alles, was Sie für eine moderne Wellness-Ernährung brauchen. Schmortopf und Pfanne mit Antihaftbeschichtung sorgen für fettarmes Garen, mit Wok und Dämpftopf können Sie asiatisch kochen – die beste Methode, alle wertvollen Nährstoffe und das wunderbare Aroma frischer Lebensmittel zu erhalten. Und: ALDI hat mittlerweile Lebensmittel aus kontrolliert ökologischer Erzeugung im Angebot. Das zeigt einen neuen Trend in unseren Supermärkten: Zum bewährten Konzept »preiswert, schnell und alles unter einem Dach« treten die neuen Drei »gut, gesund und umweltbewusst«.
Wellness beginnt nun für Sie schon bei ALDI. Dass sie beim Kochen und Essen erhalten bleibt, dafür sorgt dieses Buch: Sie erfahren, weshalb wir weniger Eiweiß und Fett, dafür mehr Kohlenhydrate auf unseren Speisezettel setzen sollten. Denn Pflanzen brauchen wir täglich, weil sie viele Bioaktiv-Stoffe enthalten. Dabei geht es nicht allein um Vitamine und Mineralien. Eine wichtige Rolle spielen auch ätherische Öle mit starkem Duft und Geschmack, die einer Pflanze Feinde von Stängel, Blatt und Blüte halten. Alle diese Substanzen beeinflussen unseren Stoffwechsel so positiv, dass Ernährungsexperten uni-

sono ein Loblied auf Gemüse, Vollkornbrot, Getreide, gutes Öl, Knoblauch, Müsli und Obst singen. Bestimmte Substanzen senken Bluthochdruck oder kurbeln den Verbrauch von Cholesterin an. So bleiben Herz, Gefäße, Darm und Nieren stark und gesund.
Unsere Rezepte entsprechen den Grundsätzen moderner Ernährung, sind anspruchsvoll, aber ohne modischen Schnickschnack. Sie ermöglichen Ihnen ein gemütliches Koch-Wochenende ebenso wie den schnellen Happen, das Familienmenü wie den Single-Snack. Genießen Sie – mit dem guten Gewissen, für Ihre Fitness zu sorgen.

1. Kapitel

Frühstücken wie ein König

Mit ALDI ist das ganz leicht: Jedes der Geschäfte bietet Ihnen ein regelrechtes Frühstücks-Schlaraffenland. Ob Sie wochentags nur rasch was Kräftiges auf den Weg brauchen oder sonntags ganz gemütlich im Kreis der Familie frühstücken, ob Sie Ihre Freunde zum Brunch einladen oder einen festlichen Sektempfang planen – immer ist der Tisch reich gedeckt mit wunderbaren Schlemmereien. Vor allem aber bekommen Sie alles, was Sie für einen wirklich gesunden Start in den Tag brauchen: eine reiche Auswahl an Brotsorten und Müslimischungen, Eier aus Freilandhaltung, vegetarische Brotaufstriche und Probiotics (siehe Seite 18), grünen Tee und Fruchtsäfte. Wer auf Butter verzichtet, kann gute Pflanzenmargarine mit Joghurtkulturen oder wertvollen Vitaminen wählen. Zum Vollkörnigen gibt's eine reichhaltige Käseauswahl. Zu den verschiedenen Brötchen, die Sie frisch aufgebacken und knusprig aus dem Ofen holen, schmecken delikate Honigspezialitäten und fruchtige Konfitüren. Wer selbst backen will, findet genügend Mischungen für Brote, die auch Ungeübten leicht gelingen. Fertig gemixte Feinkostsalate für jeden Geschmack, süßer Joghurt und herzhafter Kräuterquark runden das Angebot ab.

Was ist an Müsli so gesund?

Die Kombination aus Getreide, Obst, Kernen und Nüssen, vermischt mit Milch oder Joghurt ergibt eine komplette Mahlzeit. Ein Müsli – ob aus der Packung oder selbst gemixt – enthält relativ wenige Kalorien, aber im Grunde alle wichtigen Nährstoffe: Getreide und Milchprodukte sind eine perfekte Eiweißversorgung, liefern wertvolles Fett und Kalzium (siehe Seite 53–77). Mit frischem Obst bekommen Sie Vitamine, Minera-

lien und sekundäre Pflanzenstoffe, die neuen Stars auf unseren Tellern (siehe Seite 151). Und die rohe Getreidestärke nimmt der Körper so langsam auf, dass Sie eine ganze Weile angenehm satt sind. Deshalb ein Tipp für alle, die Probleme mit der Figur haben: einmal am Tag als Hauptmahlzeit Müsli essen – ob morgens oder mittags, spielt keine Rolle.
Achten Sie bei Fertigmüsli auf die Zutatenliste: Hafer und Weizen, Gerste und Roggen, Obst und Nüsse, Leinsamen und Sonnenblumenkerne liefern eine Menge lebenswichtiger Inhaltsstoffe. Agavensaft und Roh-Rohrzucker im Bio-Müsli von ALDI gehören zu den besonders wertvollen Süßungsmitteln – reich an Vitaminen und Mineralstoffen. Details dazu finden Sie auf Seite 187 ff.

Vielleicht wollen Sie Ihr Müsli auch mal selbst zubereiten. Hier sind zwei Vorschläge: Das klassische Bircher-Benner-Müsli und ein ganz unkompliziertes 5-Minuten-Keksmüsli, das nicht quellen muss.

Müsli nach Bircher-Benner
Zutaten für 4 Portionen:
75 g zarte Haferflocken (Remiga)
5 entsteinte Trockenpflaumen (Sunshine Fruit)
2 große säuerliche Äpfel
2 reife Bananen
etwa 200 ml Orangensaft
1/2 Beutel gemahlene Haselnusskerne (Sweet Valley, 200 g)
6–7 EL Milch (Milfina)
2–3 EL beliebiger Honig

Die Flocken mit 1/8 l Wasser verrühren und zugedeckt über Nacht oder mindestens 5 Stunden im Kühlschrank quellen lassen. Die Trockenpflaumen in kleine Stücke schneiden. Zum

Anrichten die Äpfel waschen oder schälen, vom Kerngehäuse befreien und fein reiben. Die Bananen schälen und zerdrücken. Die Flocken mit dem Orangensaft, den Trockenpflaumen, dem frischen Obst, Nüssen, der Milch und dem Honig vermischen.

Der beste Start in Ihren Arbeitstag
Bircher-Müsli, dazu ein Glas grüner Tee und eine Scheibe kerniges Vollkornbrot mit Butter oder Joghurt-Pflanzenmargarine – diese Kombination bietet Ihnen tatsächlich alle wichtigen Substanzen, die Sie für den optimalen Start in den Tag brauchen. Haferflocken und Brot machen satt, Milch und Nüsse liefern leicht verdauliches Eiweiß und gesundes Fett, das frische Obst steckt voller Vitamine, die Trockenpflaumen versorgen Sie mit darmfreundlichen Ballaststoffen. Alles in allem also ein köstliches Nährstoffpaket, das wir dem Schweizer Arzt Dr. Maximilian Oskar Bircher-Benner (1867–1939) verdanken. Dabei ist es ganz leicht zu machen und lässt sich bequem vorbereiten: Am Vorabend nur die Flocken einweichen und die Pflaumen zerkleinern. Morgens das Obst klein schneiden und alles mischen.
Übrigens: Auch wenn Sie Vollkornflocken sehr gerne mögen – Bircher-Müsli schmeckt mit zarten Haferflocken viel besser. Diese werden über Nacht beim Quellen weich und verbinden sich mit dem Obst zu einem köstlich-fruchtigen Brei. So ist das Müsli auch leichter verdaulich als Frischkornmüsli aus Getreideschrot, hält aber genauso lange vor.

Keksmüsli

Zutaten für 4 Portionen:

18 Schoko-Butterkekse (Palazzo)
1/2 l Milch (Milfina, 3,5 %)
2 Äpfel
1/8 l Multivitaminsaft
2 Bananen
1 Beutel gehobelte Mandeln (Sweet Valley, 100 g)
2 EL Honig

Die Kekse zerkrümeln und in einer Schüssel mit der Milch vermischen. Zugedeckt 5 Minuten ziehen lassen, bis die Kekse weich sind. Inzwischen die Äpfel schälen, entkernen und das Fruchtfleisch grob raspeln. Mit dem Multivitaminsaft vermischen. Die Bananen schälen und zerdrücken. Keksmüsli mit Äpfeln und Banane locker mischen, mit den Mandeln bestreuen und in Portionsschälchen geben. Den Honig darüber träufeln.

✻ *Tipp*

Statt Keksen schmeckt auch Zwieback in diesem Müsli.

Kohlenhydrate – gesunde Energiespender Nummer eins

Wie Eiweiß und Fett sind Kohlenhydrate lebenswichtige Nährstoffe, die wir alle täglich brauchen. Diese Substanzen kommen überall in der Natur vor: Als Grundbaustein aller Pflanzen, als Energielieferanten für Pflanze, Tier und Mensch bilden sie den Löwenanteil der Biomasse auf unserem Planeten.

Tagtäglich essen wir also Kohlenhydrate, und zwar in drei verschiedenen Formen: erstens als schwer lösliche Stärke – zum Beispiel in Nudeln –, zweitens als leicht löslichen Zucker – zum Beispiel als Würfelchen im Kaffee –, drittens als unverdauliche Zellulose – zum Beispiel als Weizenkleie im Müsli.

Wissenschaftler erkennen diese Gruppen von Kohlenhydraten unter dem Mikroskop: Stärke und Zellulose bestehen aus vielen Molekülen, die eine richtige Kette bilden. Zucker sind Verbindungen von nur ein oder zwei Molekülen. Wir erleben es in der Praxis: Zucker löst sich in Flüssigkeit. Verrührt man den Zucker im Tee, in der Salatsauce oder im Kuchenteig, »knirscht« es nach einem Weilchen nicht mehr beim Rühren. Beim Essen merken Sie ebenfalls, ob Sie auf Zucker oder Stärke kauen. Zuckerhaltiges schmeckt süß, Stärkehaltiges zunächst herzhaft. Erst beim langen Kauen wird auch Vollkornbrot fein süß, denn die Verdauung von Kohlenhydraten beginnt bereits im Mund, und der Speichel als unser erster Verdauungssaft zerlegt die langen Stärkeketten in kurze Zuckermoleküle.
Zellulose schmeckt nach gar nichts. Sie wird im Mund nur immer »mehr« – wir alle kennen das Gefühl, wenn man beim urgesunden Kleie-Müsli zu wenig Milch erwischt hat und buchstäblich nicht mehr schlucken kann. Der Grund: Zellulose kann eine Menge Flüssigkeit aufnehmen und quillt durch den Speichel richtig auf.
»Süße« Zuckerarten in Pflanzen sind vorwiegend Fruchtzucker (Fructose), Traubenzucker (Glucose) und Rübenzucker (Saccharose). Alle essen wir auch isoliert: normaler weißer Zucker ist Saccharose aus Rüben. Brauner Zucker ist ebenfalls Saccharose, hergestellt aus Zuckerrüben oder Zuckerrohr (siehe auch Seite 187 f.).
Mit Fruchtzucker werden zum Beispiel Lebensmittel für Diabetiker hergestellt, Traubenzuckerriegel oder Tabletten dienen als schnelles Kräftigungsmittel, sind Zusatz bei Kindernahrung.
Für herzhafte Stärke, also komplexe Kohlenhydrate, und neutrale Zellulose essen wir Vollkornbrot und Nudeln, Haferflocken und Müslimischungen, Kartoffeln und Hülsenfrüchte.

Lieber Stärke als Zucker

Gewiss haben Sie vor dem Mittagessen schon öfter Heißhunger verspürt, obwohl Sie ganz ruhig am Schreibtisch saßen, keine schweißtreibenden Tätigkeiten verrichteten und ordentlich gefrühstückt hatten: ein knuspriges Croissant mit Marmelade vielleicht oder eine Portion honigsüßes Crunchy-Müsli. Das wäre Ihnen mit einer Schnitte kernigem Vollkornbrot mit einem Schälchen selbst gemixtem Schrotmüsli vermutlich nicht passiert – gewöhnlich hält man da bis mittags durch, höchstens durch einen Apfel oder einen Becher Joghurt unterstützt.

Der Grund für die Hungerattacke liegt im Zucker, den süßes Gebäck und Fertigmüsli in relativ großer Menge enthalten. Zucker ist ein rascher Energiespender: der Körper kann ihn schnell aufnehmen und über das Blut in die Zellen transportieren. Der Blutzuckerspiegel steigt rasch an, fällt aber ebenso schnell wieder ab. Die Folgen sind plötzlicher Energieverlust und Leistungsabfall – übrigens keine Zeichen von Krankheit, sondern ganz normal. Vollkornbrot und Getreideschrotmix dagegen liefern Stärke, die der Körper sehr langsam aufnimmt und bedarfsgerecht umbaut: Die langen Molekülketten der Getreidestärke müssen erst in einfache Zuckermoleküle zerlegt werden, bevor sie »klein« genug sind, um durch die Darmwand als Traubenzucker (Glukose) ins Blut gelangen können. Solange der Körper damit zu tun hat, stellt sich kein Hungergefühl ein, denn so lange schwimmt der Traubenzucker im Blut mit, so lange liefert er den Muskeln, dem Gehirn und anderen Organen die nötige Energie.

Dass wir uns auch zwischen den Mahlzeiten lange satt fühlen, liegt also nicht am Zucker, sondern an der Stärke in unserem Essen: Bei der Verdauung werden erstens die »langen« Kohlenhydrate in »kurzen« Zucker zerlegt. Zweitens baut der Körper diesen Zucker als »Glykogen« neu auf, damit er als Energiequelle auf Abruf bereit steht: Vom Blut verteilt, deponiert der Körper dieses Glykogen in Leber und Muskeln. Sobald das Gehirn

Bedarf an Energie signalisiert, wird Glykogen wieder in den »Brennstoff« Traubenzucker umgewandelt, den wir für jede Muskelbewegung, für den Stoffwechsel, für geistige und körperliche Arbeit, kurz: für alle unsere Lebensvorgänge brauchen.

✻ *Tipps*

- Essen Sie schon zum Frühstück viele stärkehaltige Produkte wie Vollkornbrot und Müsli. Diese sättigen und machen nicht dick. Denn der Körper muss bei der Verdauung richtig arbeiten und verbraucht Energie, statt Kalorien-Überschuss als Fettpölsterchen auf Hüften und Schenkel zu packen.
- Gut gefüllte Glykogenspeicher sichern Fitness und Ausdauer, denn der Blutzuckerspiegel bleibt auf konstanter Höhe – egal, ob Sie körperlich arbeiten, am Computer sitzen oder Sport treiben.

Schnelle Frühstückhappen, die lange vorhalten

Wer hat wochentags schon Zeit, geruhsam zu frühstücken? Die meisten von uns brauchen schnelle Snacks. Das heißt nicht, dass Sie im Mantel mit einem gehetzten Blick auf die Uhr ein Brötchen runterschlingen und mit einem tüchtigen Schluck Kaffee nachspülen. Denn Eile muss nicht Hektik bedeuten, und ein schnelles Frühstück darf unserer Gesundheit nicht schaden. Schließlich müssen wir nach dem ersten Bissen am Morgen über Stunden leistungsstark bleiben. Testen Sie die folgenden Frühstücksideen – jedes Gericht haben Sie in 10 Minuten zubereitet! Und zur besseren Übersicht sind die Rezepte in Arbeitsschritte aufgeteilt.

Würzige Käsecreme mit Nüssen
Zutaten für 6 Portionen:
1 Beutel Erdnüsse, pikant gewürzt, ohne Fett geröstet (150 g)
1 Glas Pesto alla Genovese (Cucina, 212 g)
1 Becher Magerquark (Milfina, 250 g)
1 Becher Frischkäse (Bayernland, 70 % Fett i. Tr., 200 g)
1 EL Zitronensaft (Citrovin oder frisch gepresst)

1. Die Nüsse grob oder fein hacken.
2. Pesto, Quark, Frischkäse und Zitronensaft in eine Schüssel geben und mit den Quirlen des Handrührers mischen. Nüsse unterrühren.
Zum »4-Sorten-Brotkörbchen« (Kornquell) servieren.

Gurkenbrote mit Schinken
Zutaten für 4 Portionen:
1/4 Salatgurke
1 Pckg. Delikatess-Würzschinken gekocht (Delikate, 100 g)
2 Becher Kräuterquark (Milfina, 250 g)
4 große oder 8 kleine Scheiben Weizenvollkornbrot
Salz, schwarzer Pfeffer

1. Die Gurke waschen und abtrocknen oder schälen. In dünne Scheiben hobeln. Den Schinken in Streifen schneiden.
2. Die Brote mit dem Quark bestreichen. Zuerst die Gurkenscheiben, dann den Schinken darauf verteilen. Nach Wunsch mit Salz und Pfeffer würzen.

Vorbereiten
Schinken in Streifen schneiden und zugedeckt wieder in den Kühlschrank stellen.

Buntes Käsebrot
Zutaten für 4 Portionen:
1/2 Pckg. Passierte Tomaten (Ciccio, 500 g)
2 EL Thousand Island Dressing (Aue Hof, 250-g-Flasche)
Salz, schwarzer Pfeffer
1 Pckg. Käseaufschnitt in Scheiben (Emmentaler, Tilsiter, Edamer, 250 g)
4 große Scheiben Vollkornbrot
eventuell 8 Cocktailtomaten

1. Die Brotscheiben halbieren und im Toaster rösten.
2. Inzwischen die passierten Tomaten mit dem Dressing mischen, mit Salz und Pfeffer abschmecken.
3. Die Tomatenmischung auf den Brotscheiben verteilen und mit dem Käse belegen. Dazu die gewaschenen Cocktailtomaten essen.

Buttermilchmüsli mit Beeren
Zutaten für 4 Portionen:
4–8 EL Beeren-Mischung (Gartenkrone; TK-Ware, 750 g)
4 Becher Buttermilch-Dessert in beliebigen Geschmacksrichtungen (Desira, 200 g)
4 EL Fruit Cereals, Nut Flakes oder Zimt Chips

1. Die Beeren-Mischung auf vier Schälchen verteilen und auftauen lassen.
2. Das Buttermilch-Dessert auf die Beeren geben und mit dem Cereals, Flakes oder Chips bestreuen.

Vorbereiten
Die Beeren-Mischung über Nacht zugedeckt auftauen lassen.

Probiotischer Exotenquark

Zutaten für 4 Portionen:

1/2 Pckg. Tropische Fruchtmischung (Gartenkrone; TK-Ware, 750 g)
2 Becher probiotisches Dessert »Quark und cremig Cocos« (BI'AC, 200 g)
1/8 l Milch
4 EL Bio Knusper-Müsli (Knusperone, 375 g)

1. Die Fruchtmischung auf vier Teller verteilen und auftauen lassen.
2. Den Quark in einer Schüssel mit der Milch verrühren und auf die Früchte geben. Mit dem Müsli bestreuen.

Vorbereiten

Die Fruchtmischung über Nacht zugedeckt auftauen lassen.

Gute Partner: Probiotics und Bio-Müsli

Probiotische Milchprodukte wie zum Beispiel »Quark und cremig (BI'AC)« oder Joghurt (Biotic, 150 g) sorgen mit den ALDI-Biomüslis ausgezeichnet für eine geregelte Verdauung: Quark und Joghurt enthalten bestimmte Bakterienkulturen, die Müslis so genannte Prebiotics (siehe Zutatenliste): Das sind bestimmte Ballaststoffe, die natürlicherweise in einigen Lebensmitteln vorkommen. Genau wie Probiotics können wir auch Prebiotics nicht verdauen, so dass sie in die unteren Darmregionen gelangen und dort ihre segensreiche Wirkung entfalten – den Kampf gegen schädliche Mikroben aufnehmen. Leider hat die Natur nur wenige Pflanzen mit diesen guten Ballaststoffen versehen. Deshalb werden sie dem Müsli zum Beispiel nachträglich zugefügt.

Kirschen-Milchreis

Zutaten für 4 Portionen:
2 Becher Sahne-Milchreis mit Zucker und Zimt (Desira, 200 g)
1 Becher Buttermilch-Dessert mit Erdbeer-Vanille (Desira, 200 g)
1 Glas Schattenmorellen entsteint, gezuckert (Vogteier, Füllmenge 680 g, Abtropfgewicht 350 g)
4 EL Prebiotisches Frühstücksmüsli (Knusperone, 375 g)

1. Milchreis und Buttermilch-Dessert in eine Schüssel geben und locker vermischen.
2. Die abgetropften Schattenmorellen auf vier Schälchen verteilen, mit der Milchreis-Mischung überziehen und mit dem Müsli bestreuen.

✻ *Tipp*
Den Saft der Schattenmorellen mit Multivitaminsaft oder Orangensaft mischen, mit Zitronensaft (Citrovin oder frisch gepresst) würzen und vorab servieren. Der Saft von säuerlichen Kirschen wie Schattenmorellen gilt in der Volksheilkunde als harntreibendes Mittel – hilfreich bei Blasenentzündungen.

Lesen Sie die Zutatenliste

Im prebiotischen Frühstücksmüsli von ALDI finden Sie einige sehr wichtige Inhaltsstoffe:
1. Feigen: Sie wirken entzündungshemmend. Frisch und getrocknet helfen sie einem trägen Darm bei der regelmäßigen Verdauung. Frisch enthalten sie eine Schwefelverbindung (Ficin), die rheumatische Beschwerden und Verletzungen wie Muskelzerrungen oder verstauchte Knöchel kuriert.
2. Datteln: Diese Früchte sind wahre Speicher für den schnellen Energiespender Zucker und den Sattmacher Stärke. Frisch

und getrocknet gelten sie als Hilfe bei der Verdauung: zweimal pro Tag sechs Früchte essen. Ein Glas warmes Wasser danach soll die Wirkung steigern.

3. Inulin: Diese Substanz sorgt für einen gesunden Darm. Inulin ist »Futter« bestimmter Darmbakterien, die vermutlich bei der Tumorprophylaxe eine wesentliche Rolle spielen.

Das volle Korn schon zum Frühstück

Vollkorngetreide im Brot liefert sehr wichtige Ballaststoffe, die genau wie Probiotics und Prebiotics (siehe Seiten 18/19) unsere gesunde Darmflora fördern. Diese Ballaststoffe dienen den Pflanzen als Gerüst oder Schutz: Die Zellulose in den Zellen hält den Getreidehalm stabil, die braune Samenschale schützt das Getreidekorn. Für uns Menschen sind es keine Nährstoffe wie Fett, Eiweiß oder Kohlenhydrate, sie liefern uns keine Energie, machen also auch nicht dick. Wir können diese Ballaststoffe nicht verdauen, weil unser Organismus dafür keine Enzyme bereitstellt. Dennoch brauchen wir sie unbedingt für die nützlichen Bakterien in unserem Dickdarm. Diese kleinen Helfer ernähren sich von Ballaststoffen, gewinnen damit Energie und vermehren sich. Allein durch ihre Fülle halten sie die schädlichen Mikroorganismen in Schach, die beim Stoffwechsel, durch Umweltbelastungen oder falsche Ernährung entstehen. Inzwischen weiß man, dass die Verdauungsarbeit der Bakterienflora noch mehr günstige Wirkungen auf unsere Gesundheit hat: Die Fettsäuren, die sich dabei bilden, regen den Darm zu verstärkter Motorik an. Damit sorgen diese Bakterien für regelmäßige Verdauung und greifen helfend ein, wenn nichts mehr »vorwärts geht«. Außerdem spielen die genannten Fettsäuren eine wichtige Rolle bei der Krebsprävention: Nach neuesten Forschungen verzögern sie die Vermehrung von Tumorzellen im Dickdarm, hindern sie an der »Wanderung« in andere Organe und wirken so gegen Metastasenbildung. Und sie unterstützen den »programmierten Zelltod», mit dem unser Organismus schädliche Zellen aus dem Verkehr zieht. So kämpfen unsere »guten« Bakterien höchst erfolgreich gegen »böse« Mikroorganismen, die den Darm reizen, Verstopfung, allgemeines Unwohlsein und ernsthafte Krankheiten verursachen.

Zweimal bunte Vollkornbrote

1. Vorschlag: Rohkostbrote

Zutaten für 4 Portionen:

400 g beliebiges frisches Gemüse wie Radieschen, Möhren, Stangensellerie, Paprikaschoten und Salatgurke
2 Partygurken (Gartenkrone, Glas mit 580 ml)
1 Bund Schnittlauch
1 Becher probiotischer Joghurt (Biotic, 150 g)
1 EL leichte Salatcreme (KIM)
4 große Scheiben Vollkornbrot (je etwa 60 g)
2 EL Bio-Reform Margarine mit Joghurtkulturen (Bellasan, 500 g)
4 große oder 8 kleine Salatblätter
schwarzer Pfeffer

Das Gemüse putzen oder schälen und fein zerkleinern. Die Partygurken hacken, den Schnittlauch waschen, trocken tupfen und in feine Röllchen schneiden. Alle diese Zutaten mit Joghurt und Salatcreme mischen. Die Brote mit der Margarine bestreichen, mit den gewaschenen, trocken getupften Salatblättern belegen. Rohkost darauf verteilen und mit Pfeffer würzen.

2. Vorschlag: Forellenbrote

Zutaten für 4 Portionen:

2 Pckgn. geräucherte Regenbogenforellenfilets (125 g)
1–2 TL Zitronensaft (Citrovin oder frisch gepresst)
2 Tomaten
1/2 Eisbergsalat
1 Becher Schmant (24% Fett, 200 g)
Salz, schwarzer Pfeffer
8 Scheiben Finnenbrot oder Sonnenblumenbrot

Die Forellenfilets mit einer Pinzette von allen Gräten befreien und mit einem großen Messer fein zerkleinern. Mit dem Zitronensaft würzen. Die Tomaten und den Eisbergsalat waschen und trocken tupfen. Tomaten klein würfeln, Salat in feine Streifen schneiden. Beide Zutaten mit den Forellen und dem Schmant mischen, mit Salz und Pfeffer würzen und auf den Broten verteilen.

Nichts erzwingen

Manche Menschen mögen morgens nichts essen. Vor allem Kinder wünschen sich vor der Schule zwar eine große Tasse Kakao, lehnen einen kräftigen Happen dazu aber kategorisch ab. Selbst mit Nussnougat-Creme, Müsli oder frischen Brötchen kann man manche Kinder nicht locken. Lassen Sie's dann einfach bleiben – Zwang schafft nur Unfrieden. Und dann macht der Magen endgültig dicht. Geben Sie Ihren Frühstücksmuffeln lieber was Gutes mit auf den Weg. Zum Beispiel zwei Scheiben Kartoffelbrot mit der würzigen Käsecreme (Rezept oben Seite 16) dazwischen. Ein knackiger Apfel oder eine Orange im Winter, ein paar Kirschen oder ein wunderbar reifer Pfirsich im Sommer dazu – das ist der gesunde Imbiss für die Pause in der Schule oder am Arbeitsplatz. Wer es lieber süß mag, bekommt einen Becher H-Frucht-Sahnejoghurt (Desira,

150 g) eingepackt; diesen Joghurt muss man nicht kühlen. Ein Vollkornbrötchen mit Joghurtmargarine oder Butter und etwas Käse, eine vollreife Tomate oder eine saftige Birne sorgen für den kulinarischen Start in den Tag, der statt morgens um sieben eben erst um zehn Uhr stattfindet.
Hier noch zwei regelrechte Schlemmer-Sandwiches, wie die Amerikaner sie lieben. Man kann diese Doppeldecker wunderbar unterwegs essen.

Eiersandwich
Zutaten für 1 Portion:
1 frisches Ei aus Freilandhaltung (Gewichtsklasse M)
1 TL getrockneter Schnittlauch (Mamsell)
1–2 TL Sonnenblumenmargarine (Bellasan, 500 g)
Salz, schwarzer Pfeffer
1 Tomate
2 Scheiben Weizenmischbrot oder Sonnenblumenbrot

Das Ei mit dem Schnittlauch verquirlen und in der heißen Margarine in einer antihaftbeschichteten Pfanne bei schwacher Hitze an der Unterseite braten, bis es gestockt ist. Mit Salz und Pfeffer würzen, wenden und auf der zweiten Seite knapp eine Minute braten. Die Tomate waschen und in Scheiben schneiden. Das Ei etwas abkühlen lassen und auf eine Brotscheibe geben. Mit dem Bratfett beträufeln, mit den Tomaten belegen und mit der zweiten Brotscheibe abdecken.

Thunfischsandwich

Zutaten für 1 Portion:
1/4 Thunfisch in Wasser und Salz
(Almare, Füllmenge 195 g, Abtropfgewicht 150 g)
2–3 Blätter Eisbergsalat
2 Partygurken (Gartenkrone, 580 ml, Abtropfgewicht 290 g)
1–2 EL Remoulade (KIM)
2 Scheiben Kartoffelbrot oder Weizenmischbrot

Den Thunfisch mit einer Gabel fein zerteilen. Den Salat waschen, trocken tupfen und in feine Streifen schneiden. Die abgetropften Gurken würfeln. Alle diese Zutaten mit der Remoulade mischen und auf eine Brotscheibe geben. Die zweite Scheibe darauf legen und leicht andrücken.

Frühstücks-Backvergnügen

Der Duft von Selbstgebackenem sorgt für eine wunderbar gemütliche Atmosphäre beim sonntäglichen Familienfrühstück. Probieren Sie ein paar ganz einfache Gerichte mit lauter gesunden Zutaten – reich an Vitaminen und Mineralien.

Gefüllte Käsebrötchen

Zutaten für 16 Stück:
1/2 Pckg. Backmischung für Mehrkornbrot
(Mühlengold, 2 Brote je 750 g)
2 Zwiebeln
1/2 Pckg. geräucherter Bauchspeck (Gelderländer, 300 g)
1 EL Olivenöl (Lorena)
1 EL gemischte, getrocknete 8-Kräuter-Mischung (Mamsell)
Salz, schwarzer Pfeffer
1/4 TL Paprika edelsüß
1 Pckg. Chester-Scheibletten (Alpenmark, 200 g)
Für die Backbleche: *Fett*

Die Backmischung nach Packungsaufschrift zubereiten und gehen lassen. Inzwischen die Zwiebeln abziehen, den Speck von eventuellen Knorpeln befreien. Beide Zutaten fein würfeln und im heißen Olivenöl bei schwacher Hitze glasig braten. Mit Kräutern, Salz, Pfeffer und Paprika würzen. Die Scheibletten in kleine Stücke schneiden. Den Teig in 16 Portionen teilen, jeweils zu Brötchen formen und dabei mit der Speckmischung und den Scheiblettenstückchen füllen. Auf gefettete Backbleche legen und zugedeckt noch 30 Minuten gehen lassen. Die Bleche nacheinander in den vorgeheizten Backofen schieben und die Brötchen bei 200 Grad pro Blech etwa 30 Minuten backen. Herausnehmen und abkühlen lassen, aber ganz frisch servieren.

Knusperfrühstücksplätzchen

Zutaten für 12 Stück:
500 g Mehl
2 TL Backpulver
2 EL Zucker
1 Päckchen Vanillinzucker
Salz
100 g Sonnenblumenmargarine (Bellasan)
1/8 l Milch (Milfina, 3,5 %)
1/2 Becher Schmant (24% Fett, 200 g)
4 EL H-Sahne (Milfina, 200-g-Pckg.)
Für die Arbeitsfläche: *Mehl*
Für das Backblech: *Pflanzenfett zum Braten (KIM)*

Das Mehl mit Backpulver, Zucker, Vanillinzucker und Salz in einer Schüssel mischen. Die Margarine zugeben und mit den Knethaken des Handrührers zu einer krümeligen Masse vermischen. Milch und Schmant langsam zugeben und alles zu einem glatten Teig verkneten. Den Teig auf einer bemehlten Arbeitsfläche etwa 1/2 Zentimeter dick ausrollen. Zu runden Plätzchen ausstechen und nebeneinander auf ein gefettetes Backblech legen. Teigreste zusammenkneten, erneut ausrollen und ausstechen. Die Plätzchen mit der Sahne bestreichen und im vorgeheizten Backofen bei 220 Grad in etwa 10 Minuten goldbraun backen. Auf dem Blech etwas auskühlen lassen, ablösen und warm servieren. Dazu passen Konfitüre oder Honig.

Amerikanische Pancakes

Zutaten für 4 Portionen:

50 g zarte Haferflocken (Remiga)
150 g Mehl
1 TL Zucker
1 TL Salz
1/2 TL Backpulver
1/4 l Milch (Milfina, 3,5 %)
1 Becher fettarmer Joghurt (250 g)
1 frisches Ei aus Freilandhaltung (Gewichtsklasse M)
2 EL Sonnenblumenöl (Bellasan)
Färberdistelöl, geschmacksneutral, oder Butterschmalz zum Backen

Die Haferflocken mit 100 ml Wasser aufkochen und zugedeckt bei schwächster Hitze 10 Minuten garen. In eine Schüssel geben und lauwarm abkühlen lassen. Das Ei trennen. Eigelb, Zucker, Salz, Milch und Joghurt kräftig verrühren und unter den Haferbrei mischen. Zuerst Mehl und Backpulver vermischt, dann das Sonnenblumenöl unterrühren. Eiweiß steif schlagen und unterziehen. Pro Pancake etwa 3 Esslöffel Teig in heißem Fett pro Seite etwa 3 Minuten backen. Gebackene Pfannkuchen möglichst gleich aus der Pfanne mit Honig beträufelt servieren.

Pancakes backen
Eine antihaftbeschichtete Pfanne erhitzen. Zuerst Fett, dann Teig in die Pfanne geben und verteilen. Den Pancake bei mittlerer Hitze etwa 3 Minuten backen, bis er an der Oberseite nicht mehr flüssig ist und sich an den Rändern nach oben biegt. Wenden und fertig backen. Die restlichen Pancakes bei mittlerer bis schwacher Hitze backen; zwischendurch immer wieder etwas Butterschmalz, Öl oder Pflanzenfett in die Pfanne geben.

Gesundheitspaket Hafer
Ernährungswissenschaftler rechnen ihn zu den gesündesten Getreidearten, historisch gehört er zu den jüngsten, botanisch zu den interessantesten: Die vielfach verzweigte Rispe ist einzigartig unter den Getreidearten und erinnert an Zittergras, die unterschiedliche Größe der Körner gibt es in diesem Ausmaß bei anderen Getreidearten ebenfalls nicht. Hafer wuchs vermutlich zuerst als Unkraut zwischen dem Kulturgetreide, bis man ihn ebenfalls kultivierte. Vom gesundheitlichen Wert wird schon in der Antike berichtet, und das meiste ist später durch die Wissenschaft bestätigt worden: Haferbrei ist Heilmittel für Magen und Darm, lindert den Husten. Ein Breiumschlag hilft bei Hautentzündungen und Juckreiz.

Flocken zart oder vollkörnig
Haferflocken bestehen aus den gequetschten Körnern: Zuerst wird der gereinigte Hafer nach Kornlängen sortiert, weil man nur gleichlange Körner schonend von den ungenießbaren Spelzen befreien kann. Das geschieht zwischen Mühlsteinen, die millimetergenau auf die Körner eingestellt sind. Durch Drehung der Steine und Bewegung der Körner lösen sich die Spelzen ab Durch Absaugen trennt man nur die Spelzen von den Körnern,

die auf Sieben wiederum nach Dicke sortiert werden: Aus besonders großen Körnern werden kernige Flocken, die kleineren schneidet man zu Grütze und presst sie dann ebenfalls zwischen Walzen zu zarten Flocken. Essen Sie beide Produkte abwechselnd: Zarte Flocken sind besonders leicht verdaulich und beruhigen einen gereizten Magen. Vollkornhaferflocken enthalten Glucane, eine bestimmte Gruppe von Ballaststoffen, die das Immunsystem stärken und den Cholesterinspiegel senken.

Wellness-Sonntags-Brunch mit Freunden

Oberstes Gebot: Nehmen Sie sich nicht zu viel vor. Schließlich wollen Sie nicht zu nachtschlafender Zeit aufstehen, damit Ihr Brunch-Büfett fertig wird. Planen Sie lieber gut und kaufen Sie gezielt ein, das spart eine Menge Arbeit. Und das Angebot bei ALDI ist so üppig, dass Ihr Brunch garantiert ein Erfolg wird!

- Zunächst die Müslis: zwei verschiedene Mischungen gehören zum gesunden Frühstück – am besten ein Bio-Müsli und eine Knuspermischung. Füllen Sie beide in schöne Schüsseln, stellen Sie eine große Kanne Milch und je eine Schüssel Quark und Joghurt mit Früchten dazu – pro Schüssel brauchen Sie 3 bis 4 Becher. Mit einem probiotischen Milchprodukt und einem Glas Spezialitäten-Honig ist der gesunde Start komplett.
- Als nächsten Fitmacher gibt's eine schöne Käseplatte (siehe Seite 76/77). Wählen Sie nach Anlass und Personenzahl: Für den kleinen Kreis genügt das »Familien-Abendbrot«, für den festlichen Neujahrs- oder Oster-Brunch nehmen Sie eine der »Gäste-Platten«.
- Fladenbrote und Gemüse-Eier-Salat (Rezepte anschließend).

Die Fladenbrote müssen Sie nach dem Belegen möglichst rasch essen, damit sie nicht zu weich werden. Deshalb alle Zutaten getrennt anrichten, sodass sich jeder sein Brot selbst zusammen stellen kann.

Bunte vollkörnige Fladenbrote
Für 20 Stück:
1/2 Pckg. Backmischung für Vitalbrot
(Mühlengold, 2 Brote je 750 g)
Fett für die Backbleche
Belag:
2 Dosen geschälte Tomaten (Happy Harvest, 400 g)
1 Glas Pesto alla Genovese (Cucina, 212 g)
2 EL gemischte, getrocknete Salatkräuter (Mamsell)
Salz, schwarzer Pfeffer
1/4 TL Paprika edelsüß
1 Glas Peperoni scharf (Abtropfgewicht 165 g)
1 Glas Maiskölbchen (Gartenkrone, Abtropfgewicht 190 g)
2 Pckgn. Delikatess-Würzschinken gekocht (Delikate, 100 g)
2 Pckgn. Feta-Käse (Devina, 45% Fett i.Tr., 200 g)
Zitronensaft (Citrovin oder frisch gepresst)

Die Backmischung nach Packungsaufschrift zubereiten und gehen lassen. In 20 Portionen teilen und zu kleinen Fladen ausrollen. Auf gefettete Backbleche geben, mit einer Gabel mehrmals einstechen und die Ränder rundherum etwas hochziehen. Zugedeckt noch 30 Minuten gehen lassen. Die Bleche nacheinander in den vorgeheizten Backofen schieben und die Fladen bei 200 Grad pro Blech etwa 15 Minuten backen. Herausnehmen und abkühlen lassen. Die Tomaten in den Dosen grob zerschneiden, auf ein Sieb geben und abtropfen lassen. Den Saft auffangen (siehe Tipp). Tomaten in einer Schüssel mit einer Gabel etwas zerdrücken, mit Pesto und Kräutern mischen, mit Salz, Pfeffer und Paprika würzen. Peperoni und Maiskölbchen abtropfen lassen. Den Schinken in Stücke zupfen, den Feta würfeln. Die Fladenbrote mit dem Tomatenmus bestreichen, mit allen anderen Zutaten belegen, mit Salz, Pfeffer und Zitronensaft würzen und rasch servieren.

✻ *Tipp*

- Den Tomatensaft zu gleichen Teilen mit Orangensaft oder Karottensaft mit Honig mischen, mit Salz, Pfeffer und Paprika oder Zitronensaft würzen und als Frühstücksdrink servieren.

Wer zu viel Cholesterin fürchtet, braucht deshalb noch lange nicht ganz auf die Frühstückseier zu verzichten. Essen Sie die gute Gabe vom Huhn einfach mit viel Gemüse

Gemüse-Eier-Salat

Zutaten für 10 Portionen:

10 frische Eier aus Freilandhaltung (Gewichtsklasse M)
1 Pckg. Pfannengemüse, Feinschmecker Art (TK-Ware, 750 g)
1 Flasche Knoblauch-Kräuter-Dressing (Aue Hof, 250 g)
eventuell Zitronensaft (Citrovin oder frisch gepresst)
Salz, schwarzer Pfeffer
Salatblätter zum Anrichten

Die Eier in acht bis zehn Minuten hart kochen, kalt abschrecken, pellen und grob hacken. Das Gemüse nach Packungsaufschrift bissfest kochen, abtropfen und abkühlen lassen. Eier und Gemüse mit Dressing mischen, nach Wunsch noch mit Zitronensaft, Salz und Pfeffer nachwürzen.

Gute Eier

Eier gehören zu den vitaminreichsten Lebensmitteln mit besonders hochwertigem Eiweiß. Für eine gesunde Küche braucht man auch gesunde Eier aus artgerechter Tierhaltung. Und hier gibt es nur zwei Methoden: Freilandhaltung und intensive Auslaufhaltung: Es bedeutet, dass die Hühner uneingeschränkt Zugang zu einem Auslauf im Freien haben, der zum größten Teil bewachsen ist und pro Huhn mindestens zehn Quadratmeter misst. Die Tiere können ihrem natürlichen Bewegungsdrang nachgeben, nach allerlei Insekten suchen, scharren und im Sand baden. Im Stall für die Nacht muss mindestens ein Drittel der Fläche mit Stroh, Holzspänen, Sand oder Torf bedeckt sein. Außerdem müssen Nester für die Eiablage vorhanden sein. Diese frischen Eier aus Freilandhaltung bekommen Sie bei ALDI. Intensive Auslaufhaltung entspricht fast der Freilandhaltung; die Tiere leben allerdings viel dichter gedrängt: Jedem Huhn stehen nur zweieinhalb Quadratmeter zur Verfügung.

Eier-Probleme

Risiko Nummer eins: Gesundheitliche Probleme ergeben sich aus der Massentierhaltung. Eier aus Boden-, Volieren- und Käfighaltung können belastet sein, denn die Hühner müssen in drangvoller Enge leben. Mögliche Infektionen breiten sich rasend schnell aus und können den gesamten Bestand vernichten. Deshalb finden sich immer wieder Rückstände von Antibiotika und anderen Medikamenten in diesen Eiern. Bei Freilandhaltung ist das gewöhnlich nicht der Fall; Tiere, die sich wohl fühlen, sind weit widerstandsfähiger, und man muss ihnen keine Arzneimittel ins Futter mischen.
Risiko Nummer zwei: Eier enthalten natürlicherweise reichlich Cholesterin, das die Gefäße schädigen, Herz und Kreislauf belasten kann. Deshalb sollte man nicht täglich Eier und Eiergerichte essen.

Was sonst noch zum Brunch gehört

Verschiedene Konfitüren, Butter und eine gute Margarine. Bei ALDI haben Sie die Wahl zwischen Sonnenblumenmargarine (Bellasan, 500 g), Frühstücksmargarine Vitamine A, D und E

(Bellasan, 500 g) oder Bio-Reform Margarine mit Joghurtkulturen (Bellasan, 500 g).
Mit Weißwürsten aus der Kühltheke und Brezen zum Aufbacken können Sie Bayern-Fans erfreuen, Muffins mit Kakao oder Vanillegeschmack und Schokoladensplittern, Mohnstriezel (Gersthofer Gretl Brot, 500 g), Nusszopf (Gersthofer Gretl Brot, 500 g) und Plundergebäck stillen die Lust aufs Süße.
Natürlich können Sie auch selber backen – Rezepte finden Sie auf den Seiten 201–214. Wer eine gemütliche Wohnküche hat, serviert seinen Gästen Amerikanische Pancakes (Rezept Seite 26) frisch aus der Pfanne. Dazu gibt es Spezialitäten-Honig, Wildpreiselbeeren und/oder Apfelmus.

Sie sind zum Brunch eingeladen und suchen ein witziges Mitbringsel?

Hier ist es: selbst gebackene Marmeladenbrötchen. Verpacken Sie die süßen Dingerchen und vergessen Sie das Beschriften nicht: Marmeladenbrötchen hat bestimmt sonst keiner dabei.

Marmeladenbrötchen

Zutaten für 40 Stück:

Teig:

2 frische Eier aus Freilandhaltung (Gewichtsklasse M)

1/2 Pckg. Sonnenblumenmargarine (Bellasan, 500 g)

100 g Zucker

2 Päckchen Vanillinzucker

1 Prise Salz

2 EL Orangensaft

300 g Mehl

1/2 Beutel gemahlene Haselnusskerne
(Sweet Valley, 200 g)
80 g Speisestärke (Remiga)
1 gestrichener TL Backpulver
Fett für die Bleche
Belag:
200 g beliebige Konfitüre
2 TL Zitronensaft (Citrovin oder frisch gepresst)
1 EL Puderzucker

Die Eier trennen. Ein Eigelb für den Teig beiseite stellen, die beiden Eiweiß für den Belag zum Steifschlagen zugedeckt im Kühlschrank aufbewahren. Die Margarine schmelzen, etwas bräunen und wieder lauwarm abkühlen lassen. Flüssige Margarine, Zucker, Vanillinzucker, Salz und Orangensaft mit den Quirlen des Handrührers schaumig rühren. Das Eigelb unterrühren. Mehl, Nüsse, Speisestärke und Backpulver mischen und esslöffelweise zuerst mit den Quirlen unter den Teig rühren, dann mit den Händen unterkneten. Falls der Teig zu fest ist, tropfenweise noch kaltes Wasser unterkneten. Den Teig zu Rollen von etwa 5 Zentimeter Durchmesser formen und in Pergamentpapier gewickelt etwa 2 Stunden kühlen, bis er hart ist und sich gut aufschneiden lässt. Die Teigrollen dann mit einem scharfen Messer leicht schräg in knapp fingerdicke Scheiben schneiden und auf zwei gefettete Backbleche legen. Die Scheiben mit der Konfitüre bestreichen. Eiweiß mit Zitronensaft und Puderzucker steif schlagen und als kleine Kleckse auf die Konfitüre setzen. Die Bleche nacheinander in den vorgeheizten Backofen schieben und die Marmeladenbrötchen bei 180 Grad in etwa 10 Minuten goldbraun backen. Vom Blech lösen und auf einem Kuchengitter abkühlen lassen.

Das Gute an der Konfitüre

Ob Aprikose oder Mehrfrucht, Sauerkirsch oder Erdbeeren – Konfitüre enthält Pektin und Kalium. Pektin ist Bestandteil von Obst und gehört zu den wichtigsten Ballaststoffen: Es lenkt unseren Cholesterinspiegel in gesunde Bahnen. Der Mineralstoff Kalium als Gegenspieler zum Natrium im Kochsalz sorgt für ausgeglichenen Blutdruck.

Die wertvollen Frühstücks-Vitamine

- **Vitamin A** in Milchprodukten und Eiern erhält unsere Sehkraft und pflegt Haut und Schleimhäute. Kinder und Jugendliche brauchen es fürs normale Wachstum. Beta-Karotin aus Tomaten, Karottensaft und frischem Obst ist genauso gut, weil unser Körper diese Substanz in Vitamin A umbaut. Dieses Beta-Karotin gehört überdies zu den wichtigsten Bioaktiv-Stoffen (siehe Seite 35 ff.).
- **Vitamin E** in Weizenkeimen stärkt das Immunsystem und wirkt ebenfalls vorbeugend gegen Krebs.
- Die Gruppe der **B-Vitamine** ist in Vollkornbrot und Müsli besonders reichlich vorhanden; das ist wichtig für Menschen, die schwer körperlich arbeiten oder Leistungssport treiben. Denn je mehr Energie wir verbrauchen, desto mehr Vitamine der B-Gruppe müssen wir mit der Nahrung aufnehmen. Thiamin für den Stoffwechsel in den Muskeln hilft uns bei der Bewegung, Niacin für den Zellstoffwechsel und Riboflavin für gutes Sehen und gesunde Haut brauchen wir alle jeden Tag.
- **Vitamin C** (Ascorbinsäure) aus frischem Obst, Saft, Kräutern und Gemüse brauchen wir täglich, bei körperlichem und seelischem Stress sogar in großen Mengen. Eine geballte Ladung Vitamin C liefern übrigens nicht nur Zitrusfrüchte, sondern auch Petersilie und rohe rote Paprikaschoten – Grund genug, auch mal ein Rohkostbrötchen morgens zu essen. Vitamin C gehört zu den Bioaktiv-Stoffen (siehe Seite 129 f.)

und schützt den Körper vor freien Radikalen – wichtig zum Beispiel für Raucher, die mindestens fünf Portionen Obst und Gemüse pro Tag und zusätzlich Vitamin-C-Präparate einnehmen sollten. Vitamin C hilft der Leber beim Entgiften und der Schilddrüse bei der Produktion von Anti-Stress-Hormonen.

Was Frauen interessiert
Vollkorn-Getreide enthält Stoffe, die dem weiblichen Sexualhormon Östrogen gleichen, aber weit schwächer wirken. Diese Phytoöstrogene lindern die Beschwerden der Wechseljahre und schützen vermutlich sogar vor hormonbezogenen Krebsarten wie Brust- und Gebärmutterkrebs.
Hormonelle Schwankungen sind auch die Ursache für prämenstruelle Symptome wie Reizbarkeit, depressive Verstimmung, Kopfschmerzen und Spannungen in der Brust. Vitamin B 6 in Getreide kann da erfolgreich gegensteuern. Getreide hilft Frauen auch, ihren erhöhten Bedarf an B-Vitaminen während Schwangerschaft und Stillzeit zu decken. Man weiß zudem, dass das Östrogen in der «Pille« oder in Medikamenten zur Osteoporose-Vorbeugung den Vitaminhaushalt stören kann. Vitamin B 6 und Folsäure sind deshalb sinnvolle »Zugaben«, um die Balance wieder herzustellen. Inzwischen raten allerdings immer mehr Ernährungsexperten von Vitaminpillen ab, denn der Körper kann Vitamine aus der Nahrung weit besser verwerten.

Getreide gegen Krebs?

Skandinavische Wissenschaftler sind dieser Frage beim Roggen nachgegangen. Das Roggenkorn enthält nämlich Lignane, bioaktive Pflanzenstoffe, die durch Darmbakterien in Phytoöstrogene umgebaut werden, die weit schwächer wirken als das weib-

liche Sexualhormon Östrogen. Vermutlich schützen die Lignane sogar vor hormonbezogenen Krebsarten wie Brust- und Gebärmutterkrebs. Denn die Lignane hemmen die Aktivität des Östrogens im Brustgewebe und damit Gewebeveränderungen. Doch auch Männer können sich durch Roggenvollbrot möglicherweise schützen: In Schweden hat sich bei Versuchen gezeigt, dass Roggenkleie das Wachstum von Prostatakarzinomen unterdrückt.
Die Ballaststoffe im Weizen spielen bei der Vorbeugung von Darmkrebs eine wichtige Rolle: Studien der American Health Foundation haben gezeigt, dass Weizen die Gallensäuren bindet und deshalb sogar bei einer Ernährung mit mehr Fett vorbeugend gegen Krebs wirkt. Und es gibt Hinweise darauf, dass das Spurenelement Selen im Weizen das Risiko von Harnblasenkrebs senkt. In der chinesischen Medizin gilt Weizen als Nahrung für das Herz. Ein dünner Brei aus fein gemahlenem Weizen und Wasser wirkt beruhigend. Fazit: Weizen ist das ideale Frühstücksgetreide: die geschroteten Körner oder die Flocken mit Joghurt und Obst sind eine komplette Mahlzeit, die den Körper nicht belastet, aber lange satt hält.

Mineralstoffe, die Sie brauchen

Beim guten Frühstück beginnt schon die tägliche Versorgung mit den wichtigen Mineralstoffen Phosphor und Magnesium.
Phosphor brauchen wir für den Aufbau unserer Körperzellen und für den Energiehaushalt: Es unterstützt den Körper bei der Gewinnung von Energie aus dem, was wir essen, und es sorgt dafür, dass diese Energie auch verfügbar ist und dass sie verteilt wird. Ein wenig erinnern diese physiologischen Vorgänge an ein Kraftwerk. Der Strom wird erzeugt und muss an die Haushalte gelangen. Er läuft über die Leitungen dorthin, wo er gerade gebraucht wird.
Deshalb benötigen wir ständig Nachschub, denn alle Knochen,

die Muskeln, das Gewebe und die Organe unterliegen den Prozessen von Produktion und Verschleiß. Phosphor ist in allen Lebensmitteln enthalten, besonders reichlich in Milchprodukten, Nüssen, Trockenobst und Vollkorn – egal, ob Brot, Flocken oder ganze Körner.

Magnesium bekommen wir durch Weizenvollkornbrot, Nüsse, Sonnenblumenkerne. Für Gesundheit und Wohlbefinden ist der Mineralstoff von eminenter Bedeutung. Zu wenig Magnesium verlangsamt die Energiezufuhr beim Stoffwechsel; es kann zu Verdauungsstörungen kommen. Außerdem ist Magnesium der natürliche Gegenspieler von Kalzium und verhindert zum Beispiel, dass der Herzmuskel »verkalkt«. Obwohl unser Herz Kalzium braucht, um überhaupt zu funktionieren, darf es nicht zuviel davon kriegen. Diese Überladung wird durch Magnesium verhindert. Es hält auch die anderen Muskeln intakt, indem es über die Nerven ihr Zusammenziehen und Erschlaffen steuert: Wadenkrämpfe, Muskelzuckungen, Menstruations-Bauchschmerz, Reizbarkeit und Schlafstörungen lassen sich mit magnesiumreichen Lebensmitteln mildern. Hin und wieder ein Tässchen Kakao oder Milchmischgetränke mit Schokolade helfen da schon beim Frühstück. Bei stärkeren Beschwerden besorgt man sich in der Apotheke ein Magnesium-Präparat. Wer nur wenig Milchprodukte und Käse isst, wählt Magnesium und Kalzium im Kombi-Pack.

Zink können wir aus tierischen Nahrungsmitteln besonders gut aufnehmen: Das Sonntags-Frühstücksei macht also Sinn. Zink lenkt Stoffwechselprozesse, stärkt unser Immunsystem und schützt die Zellen vor freien Radikalen (siehe Bioaktiv-Stoffe Seite 34 ff.). Zu wenig Zink schadet Fingernägeln, Haaren, Haut und Schleimhaut, stört das Wachstum und mindert Sinneswahrnehmungen. Gute pflanzliche Zinkquellen sind Haferflocken und Weizenvollkornbrot.

Mangan ist für den Stoffwechsel, als Schutz vor freien Radikalen, als Baumaterial für körpereigenes Eiweiß und als Hilfsstoff bei der Blutgerinnung unabdingbar. Es gehört zu den Spurenelementen, die viele Menschen nicht ausreichend bekommen. Das liegt vorwiegend an der Ernährung: Wer viel mehr Weißbrot als Vollkornbrot isst, reichlich Zuckerhaltiges wie Kuchen und andere Süßigkeiten nascht, zu wenige pflanzliche Lebensmittel auf dem Speiseplan hat und sich statt dessen an Fleisch und Eiern satt isst, kann Probleme mit der Zufuhr kriegen. Da helfen Haferflocken, Haselnüsse oder Mandeln im Müsli, Weizenvollkornbrötchen als Unterlage für den Schinken und regelmäßig eine Portion Naturreis. Wichtig: Mangan aus Pflanzen können wir am besten verwerten.

Und was gibt es zu trinken?

Natürlich Kaffee, verschiedene Säfte, Milchmischgetränk mit Schokolade und frische Milch. Wenn Sie gleich morgens viel für Ihre Gesundheit tun wollen, wählen Sie grünen Tee pur, mit Zitrone oder mit Vanille. Grüner Tee ist besser verträglich als Schwarztee: er hilft bei der Verdauung, weil er Körpersäfte aufbaut und den Darm feucht hält. Bioaktiv-Stoffe wie Flavonoide, Saponine und Gerbstoffe wirken heilsam bei Karies, Herz- und Gefäßerkrankungen, sie gelten als Antikanzerogene und Blutzuckersenker. Bei der Herstellung von Grüntee unterbindet man die natürliche Oxydation (Fermentation) der Blätter: Nach dem Pflücken lässt man sie kurz welken, erhitzt sie dann stark unter Dampf. So kochen die Blätter gewissermaßen im eigenen Saft und werden dadurch »versiegelt«. Das verhindert den enzymatischen Prozess, durch den schwarzer Tee entsteht, und bewahrt eine Menge gesundheitsfördernder Substanzen.
Wer das Italien-Flair beim Brunch mag, brüht sich einen Cappuccino auf, wer in der kalten Jahreszeit zu Infektionen neigt, trinkt Hagebuttentee mit Hibiskus: Vitamin-C-haltige Hagebutten erhöhen die Abwehrkräfte, Hibiskus bekämpft Bakterien. In der afrikanischen Medizin gelten die roten Blüten als krampf-

lösend und blutdrucksenkend, sie sollen überdies Galle und Nieren unterstützen.
Im Winter sollten Sie sich auch immer wieder einen Kamillentee gönnen: Studien haben mittlerweile die infektionshemmende Wirkung bestätigt. Kamille macht Bakteriengifte unschädlich, heilt angegriffene Bronchien und entzündete Nebenhöhlen.

Was Frauen interessiert
Pfefferminztee hilft gegen Menstruationsschmerz, weil er Krämpfe löst. Brühen Sie den Tee ganz frisch auf, doch trinken Sie ihn lauwarm – in kleinen Schlückchen und ganz langsam. Das beruhigt den Bauch und nimmt Übelkeit.

Und noch ein paar Frühstücksfragen

1. Saft statt Obst?
Nur ausnahmsweise. Erstens ist frisches Obst allemal besser, weil Sie damit eine gute Portion Vitamin C bekommen. Zweitens brauchen wir die Ballaststoffe in Obst für die Darmpflege und damit für unser allgemeines Wohlbefinden. In Säften geht durch das Pressen ein Teil dieser Ballaststoffe verloren. Also: Obst essen und mit Saft nur ergänzen.
2. Schadet Schimmel auf der Konfitüre?
Das sagt Ihnen die Zutatenliste auf dem Glas: Wenn die Konfitüre halb Zucker und halb Früchte enthält, schadet der Schimmel nicht. Die verschimmelte Stelle nehmen Sie dann mit einem Löffel großzügig ab. Angeschimmelte Light-Konfitüre, kalorienreduzierte Produkte mit weniger Zucker und/oder Süßstoff sowie Diabetikermarmelade müssen Sie wegwerfen.
3. Morgens Tee oder Kaffee?
Was Sie besser vertragen: Beide Getränke enthalten das anregende Koffein, bei Tee auch Teein genannt. Dass Kaffee bei manchen Menschen starkes Herzklopfen verursacht, muss nicht am Koffein liegen: Versuchen Sie es mit löslichem Kaffee

oder Cappuccino mit hohem Milchanteil und verzichten Sie mal eine Weile auf den gewohnten Filterkaffee.

4. Herzhaft oder süß?

Was Sie lieber mögen. Für die Nährstoffversorgung spielt es keine Rolle, ob Sie Käsebrot oder Joghurt-Müsli essen. Wichtig ist allerdings, dass Sie schon morgens etwas Frisches essen, Vollkorn- und Milchprodukte zu sich nehmen. Das heißt: Müsli mit Joghurt und Obst kombinieren, zum Brot eine Tomate, etwas Gurke oder ein paar Radieschen essen. Und Sie sollten nicht nur Konfitüre und Wurst, sondern auch eine Scheibe Käse oder einen Löffel Frischkäse wählen. Wer so frühstückt, bekommt auch nicht zu viel Fett und Zucker.

2. Kapitel:

Milchprodukte – davon können Sie gar nicht genug kriegen

Quark und Schmant, Joghurt und Buttermilch, Milch und Käse gehören zu unseren Grundnahrungsmitteln – und das seit Jahrtausenden. Immer waren sie für uns Menschen wichtiger als Fleisch. Denn genau wie Pflanzen stehen uns diese Lebensmittel immer zur Verfügung, denn sie stammen ja vom lebenden Tier. Die Kuh gibt uns täglich Milch und damit auch all die wertvollen Substanzen, die darin enthalten sind: leichtverdauliches Eiweiß und Fett als Grundbausteine, Vitamine und Mineralstoffe für einen reibungslosen Stoffwechsel, Milchsäurebakterien für eine gesunde Darmflora.

Ganz leicht: gutes Eiweiß aus Milchprodukten

Unser Körper verbraucht ständig Eiweiß – ob Sie am Computer sitzen oder körperlich arbeiten, ob Sie morgens joggen oder in der U-Bahn fahren, ob Sie am Wochenende Freizeitsport betreiben, in aller Ruhe fernsehen oder ein Nickerchen halten. Denn mit Eiweiß, wissenschaftlich Protein genannt, erneuert unser Organismus alte und/oder defekte Zellen. Eiweiß ist also unser »Baumaterial« – Säuglinge, Kinder und Jugendliche haben deshalb einen höheren Bedarf an Eiweiß als Erwachsene, denn ihr Körper muss nicht nur »reparieren«, sondern auch täglich neue Zellen aufbauen. Auch schwangere Frauen müssen mehr Eiweiß in ihren täglichen Speisezettel einplanen, weil sie ja das heranwachsende Leben mit ernähren.
Eiweiß als Grundbaustein des Lebens kommt in nahezu allen Produkten vor, die wir essen – in Fisch, Fleisch und Geflügel, Wurst, Schinken und Käse, Milch, Eiern und in jeder Pflanze. Und nur weil selbst Pflanzen uns mit Eiweiß versorgen, ist es

überhaupt möglich, vegetarisch zu leben – Näheres dazu finden Sie im 4. Kapitel ab Seite 115.

Die Deutsche Gesellschaft für Ernährung (DGE) empfiehlt für gesunde Erwachsene eine tägliche Zufuhr von 0,5 bis 0,8 Gramm Eiweiß pro Kilogramm Körpergewicht. Wenn Sie ab und zu weniger bekommen, schadet das nicht. Mehr sollte es auf die Dauer aber nicht sein. Denn zu viel Eiweiß kann der Körper nicht verwerten – es belastet dann nur unsere Organe.

Die richtige Mischung macht's

Das gilt natürlich für alle Lebensmittel. Je abwechslungsreicher wir essen, desto gesünder leben wir, desto leistungsfähiger bleiben wir bis ins hohe Alter. Beim Eiweiß spielt noch die gute Mischung aus tierischen und pflanzlichen Lebensmitteln eine Rolle. Denn Pflanzen liefern uns ebenfalls eine ganze Menge von bestimmten Vitaminen und Mineralstoffen, die wir für unsere Fitness dringend brauchen.
Tier-Protein können wir besonders gut verwerten, weil es in der Zusammensetzung unserem körpereigenen Eiweiß gleicht. Es macht dem Organismus also nur wenig Arbeit bei der Verdauung. Deshalb sollten wir täglich Milchprodukte essen. Für Fleisch und Eier gilt das nicht. Beide Lebensmittel enthalten zwar ebenfalls sehr hochwertiges Eiweiß, doch daneben auch eine Reihe von Stoffen, vor denen Experten warnen: Allen voran LDL-Cholesterin (siehe Seite 105), das Herz und Kreislauf Probleme macht. Bestimmte Stoffe, Purine genannt, verursachen Gicht, verstecktes Fett in der Wurst und reichlich Salz im Schinken führen bei vielen Menschen zu Übergewicht und Bluthochdruck.
Dabei können wir unseren täglichen Eiweißbedarf ganz leicht

mit Milchprodukten decken. Das kommt gewiss dem Budget zugute: Pellkartoffeln mit Kräuterquark sind für den 4-Personen-Haushalt allemal preiswerter als Schnitzel mit Pommes frites und Salat. Die Kartoffeln mit dem Quark liefern aber genauso viel und genauso wertvolles Eiweiß wie das Fleisch. Tatsächlich tun sie auch mehr für die Fitness: Pflanzen-Vitamine und Ballaststoffe in Kartoffeln und Kräutern nützen unserem Stoffwechsel weit mehr als ein Stück Fleisch. Nur: Kulinarische Renner sind die guten Kartoffeln mit dem gesunden Quark ja nicht gerade. Probieren Sie es mal mit ganz anderen Rezept-Ideen zum Thema Milch und Co.

Ofenkartoffeln mit würzigem Feta-Käse

Zutaten für 4 Portionen:

1 kg kleine Kartoffeln
Salz
2 EL getrocknete 8-Kräuter-Mischung (Mamsell)
4 EL Sonnenblumenöl (Bellasan)
4 EL Olivenöl (Lorena)
1 Paket Feta-Käse (Devina, 200 g)
1–2 Knoblauchzehen
2 TL Zitronensaft (Citrovin oder frisch gepresst)
schwarzer Pfeffer
1 große Messerspitze Paprika edelsüß
2 EL frisch gehackte Petersilie

Die Kartoffeln gründlich waschen und tropfnass in eine flache ofenfeste Form geben. Mit Salz und etwa 1 Esslöffel gemischten Kräutern bestreuen. 3 Esslöffel Wasser und 2 Esslöffel Sonnenblumenöl über die Kartoffeln geben. Im vorgeheizten Backofen bei 220 Grad in etwa 30 Minuten weich backen. Inzwischen den Feta-Käse würfeln, den Knoblauch abziehen und fein zerkleinern. Beide Zutaten mit den restlichen gemischten

Kräutern, Zitronensaft, Pfeffer, etwas Salz, dem Paprika und dem restlichen Öl in eine Schüssel geben. Mit einer Gabel vorsichtig wie Salat mischen. Mit der Petersilie bestreuen und zu den Kartoffeln servieren.

✻ *Koch-Tipp*
Die Form soll gerade so groß sein, dass die Kartoffeln eng liegen und sich berühren. Dann sind sie schneller gar.

Mozzarella mit Kräutern
Zutaten für 4 Portionen:
3 EL gemischte, getrocknete Salatkräuter (Mamsell)
4 EL Italian-Dressing (Aue Hof, 250-g-Flasche)
5 EL passierte Tomaten (Ciccio, 500-g-Pckg.)
1 EL Balsamico-Essig (Cucina)
3 Pckgn. Mozzarella (Valfiorita, 125 g)
Salz, schwarzer Pfeffer
2 EL frisch gehacktes Basilikum

Die Kräuter mit Italian-Dressing, passierten Tomaten und Balsamico-Essig verrühren und kurz ziehen lassen. Inzwischen den Mozzarella abtropfen lassen und in möglichst dünne Scheiben oder kleine Würfel schneiden. Auf einer Platte verteilen, mit Salz und Pfeffer würzen. Die Kräutermischung mit einem Teelöffel über den Käse geben. Zum Schluss das Basilikum darüber streuen.

✻ *Servier-Tipp*
Der Mozzarella mit Kräutern schmeckt als leichte Abendmahlzeit zu Kartoffelbrot oder Vollkornbrot. Servieren Sie außerdem eine Platte bunt gemischtes frisches Gemüse und Obst: Tomaten, Salatgurke, Radieschen, Weintrauben, Banane und Birnen.

Bunter Gemüsequark

Zutaten für 4 Portionen:
1/2 Glas Maiskölbchen (Gartenkrone, Abtropfgewicht 190 g)
2 frische Tomaten
1 rote oder gelbe Paprikaschote
2 Becher Magerquark (Milfina, 250 g)
1 Becher Schmand (24% Fett, 200 g)
Salz, schwarzer Pfeffer

Die Maiskölbchen abtropfen lassen (das Wasser dabei auffangen) und in kleine Stücke schneiden. Die Tomaten waschen, abtrocknen und klein würfeln. Die Paprikaschote waschen, von Trennwänden und Kernen befreien und ebenfalls in kleine Stücke schneiden. Quark mit Schmant und 2 bis 3 Esslöffeln Flüssigkeit der Maiskölbchen glatt rühren. Mais, Tomaten und Paprika untermischen. Quark mit Salz und Pfeffer abschmecken. Mit Finnenbrot oder Bratkartoffeln servieren.

✻ *Tipp*
Nehmen Sie zur Abwechslung auch Zucchini, Salatgurke oder Möhren.

Nudelsalat mit Käse

Zutaten für 4 Personen:

1/2 Pckg. Spiralen- oder Penne-Nudeln (Alino, 500 g)
Salz
1 TL Olivenöl (Lorena)
300 g Tomaten
1/2 Pckg. dänischer Esrom (200 g)
1/2 Salatgurke
2–3 EL Remoulade (KIM)
1 EL getrocknete 8-Kräuter-Mischung (Mamsell)
Zitronensaft (Citrovin oder frisch gepresst)
Salz, schwarzer Pfeffer
1/4 TL Paprika edelsüß

Die Nudeln in reichlich Salzwasser nach Packungsaufschrift bissfest kochen. Abgießen, kurz abtropfen lassen und in einer Schüssel mit dem Olivenöl mischen. Während die Nudeln kochen, die gewaschenen Tomaten waschen, in keine Würfel schneiden und unter die noch gut warmen, aber nicht mehr ganz heißen Nudeln mischen. Den Käse und die geschälte Gurke ebenfalls klein schneiden. Diese beiden Zutaten, die Remoulade und die Kräuter unter die abgekühlten Nudeln mischen. Den Salat mit Zitronensaft, Salz, Pfeffer und Paprika kräftig abschmecken und sofort servieren.

✻ *Servier-Tipp*

Nudelsalat nicht lange stehen lassen, sondern gerade eben abgekühlt servieren – dann schmeckt er am besten, weil die Nudeln noch schön bissfest sind. Außerdem bleiben so die Vitamine im frischen Gemüse gut erhalten.

Geschmorte Paprikaschoten mit Käse

Zutaten für 4 Personen:

4 mittelgroße rote oder gelbe Paprikaschoten (zusammen ca. 800 g)
1 Dose geschälte Tomaten (Happy Harvest, 400 g)
1 mittelgroße Zwiebel
2 Knoblauchzehen
1 Pckg. dänischer Blauschimmelkäse (Creme Royale, 150 g)
Salz, schwarzer Pfeffer
2 EL getrocknete 8-Kräuter-Mischung (Mamsell)
3 EL Färberdistelöl, geschmacksneutral
6 EL trockener Weißwein (z. B. Grüner Veltliner)

Die Paprikaschoten putzen, waschen, und in etwa fingerbreite Streifen schneiden. Die Tomaten in der Dose grob zerschneiden Stielansätze dabei entfernen. Die Zwiebel und den Knoblauch abziehen und hacken. Den Käse in kleine Stücke schneiden. Paprikaschoten, Tomaten und Käse in eine mittelhohe, ofenfeste Form schichten. Jede Schicht mit Salz, reichlich Pfeffer und den Kräutern würzen. Das Öl und den Wein zugießen. Die Form mit einem Deckel oder mit Alufolie schließen und im vorgeheizten Backofen bei 200 Grad etwa 1 Stunde schmoren. Dazu passen Pellkartoffeln oder Ciabatta.

✻ *Koch-Tipp*

Wenn Sie Paprikaschoten ohne Haut besser vertragen, nehmen Sie rote Schoten. Diese voll ausgereiften Schoten sind gewöhnlich so dickfleischig, dass man sie mit einem Sparschäler wie für Spargel gut abschälen kann. Dünnfleischige grüne Schoten können Sie unter den vorgeheizten Backofengrill legen und backen, bis die Haut große Blasen wirft. Unter einem feuchten Tuch oder in einem Gefrierbeutel abkühlen lassen, dann abziehen.

Brot-Pfanne mit Käse und Spinat

Zutaten für 4 Portionen:

1 Pckg. Rahmspinat (TK-Ware, 450 g)
5 Vollkornbrötchen
etwa 1/2 l Milch (Milfina, 3,5 %)
2 frische Eier aus Freilandhaltung (Gewichtsklasse L)
1/2 Beutel geriebener Emmentaler
(Oberalp, 45% Fett i.Tr., 200 g)
1–2 EL getrocknete Petersilie (Mamsell)
Salz, schwarzer Pfeffer
geriebene Muskatnuss
1/4 TL Paprika edelsüß
1 EL Pflanzenfett zum Braten (KIM)

Den Spinat nach Packungsaufschrift garen. Inzwischen die Brötchen in kleine Stücke schneiden und in lauwarmer Milch einweichen; sie dürfen aber nicht zu viel Flüssigkeit aufnehmen. Mit einer Gabel möglichst fein zerdrücken oder mit dem Stabmixer durchrühren, bis die Mischung musig ist. Die Eier, den Käse, die Petersilie, eine kräftige Prise Salz, Pfeffer, Muskat und den Paprika unterrühren. Das Fett in einer antihaftbeschichteten Bratpfanne erhitzen. Die Brötchenmischung darin glatt streichen und bei mittlerer Hitze 15 Minuten unter häufigem Rühren braten, bis sie etwa die Konsistenz von Rührei hat und leicht gebräunt ist. Den Spinat nach Wunsch mit Muskat abschmecken und zur Brotpfanne servieren.

✻ *Rezept-Tipp*

Spinat mit Spiegelei kennen Sie. Probieren Sie stattdessen mal diese Brotpfanne. Es ist ein altes bäuerliches Essen, das Sie auch zu Apfelmus, Zwetschgenkompott oder gemischtem Salat servieren können.

Milch und Vitamine
Vollmilch, Käse und Joghurt gehören zu den wichtigsten Quellen für Riboflavin. Dieses Vitamin sorgt für normales Wachstum, gute Augen und intaktes Gewebe: Schöne glatte Haut und gesunde Schleimhäute, die nicht jeden Infekt einfangen, sind Zeichen von ausreichend Riboflavin. Riboflavin ist für die Energieversorgung notwendig, indem es Kohlenhydrate und Fett so abbaut, dass die Zellen diese Nährstoffe nutzen können. Außerdem schützt es wie eine Reihe von Bioaktiv-Stoffen (siehe Seite 34 ff.) vor krebserregenden Stoffen und hilft der Leber beim Entgiften.
Riboflavin ist lichtempfindlich, das heißt, es wird bei Tageslicht oder künstlichem Licht langsam abgebaut. Deshalb sollten Sie Milch am besten auch nach dem Öffnen in der Verpackung lassen und nicht in Weißglasflaschen umfüllen.

Sauer macht lustig

Dieser Spruch ist hinreichend bekannt. Auf Sauermilchprodukte trifft er einfach zu, denn es gibt kaum Besseres für Ihre Gesundheit. Und wer sich rundum wohl fühlt, ist fröhlich und leistungsstark.
Die Fakten zu den sauren Spezialitäten aus der Kühltheke: Erstens halten Joghurt, körniger Frischkäse, Quark und Buttermilch unsere Darmflora gesund. Zweitens liefern sie reichlich Kalzium für Knochen und Zähne. Drittens vertragen selbst Menschen, die auf Milch mit Übelkeit, Blähungen und sogar Bauchkrämpfen reagieren, die mild gesäuerten Lebensmittel ausgezeichnet. Alle diese Produkte enthalten nämlich das Enzym Laktase, das Ihnen beim Verdauen von Milchzucker hilft. Säuglinge bilden Laktase im Dünndarm – sonst könnten sie sich nicht von Muttermilch ernähren. Auch Kindern steht dieses Enzym noch zur Verfügung – ein Hinweis auf die lange Stillzeit,

die früher üblich war. Erst mit zunehmendem Alter fährt der Körper die Laktase-Produktion zurück oder stellt sie ganz ein.

Hier drei pfiffige Joghurt-Gerichte mit Fleisch. Dazu nimmt man Magerjoghurt, weil Sauermilchprodukte mit geringem Fettgehalt noch mehr Kalzium liefern als Vollmilchjoghurt oder Frischkäse. Außerdem enthalten Hack, Schwein und Huhn ohnehin schon genügend Fett, und wer sich gesund ernähren will, geht damit besonders sparsam um.

Hackfleischpfanne mit Gemüse
Zutaten für 4 Portionen:
3 EL Färberdistelöl, geschmacksneutral
1/2 Pckg. Hackfleisch (TK-Ware, 500 g)
1 Stange Lauch
2 große Möhren
2 kleine Zucchini
1 Zwiebel
1 Knoblauchzehe
Salz
1/2–1 EL Curry
1 EL getrocknete 8-Kräuter-Mischung (Mamsell)
1 EL Sultaninen (Sweet Valley)
2 EL gehobelte Mandeln (Sweet Valley)
1 EL frisch gehackter Dill
2 Becher fettarmer Joghurt (250 g)
schwarzer Pfeffer, Zucker
1 große Messerspitze Paprikapulver edelsüß

In einer antihaftbeschichteten Pfanne 1 Esslöffel Öl erhitzen. Das Hackfleisch darin bei schwacher Hitze auftauen lassen. Inzwischen den Lauch putzen, waschen und in Ringe schneiden. Die Möhren schälen und in Stifte schneiden. Die Zucchini waschen, abtrocknen und einmal der Länge nach halbieren. Die Hälften in knapp fingerdicke Scheiben schneiden. Zwiebel und Knoblauch abziehen und fein zerkleinern. Das Fleisch nun bei starker Hitze unter ständigem Rühren krümelig und braun braten. Mit Salz, Curry und Kräutern würzen, aus der Pfanne nehmen und zugedeckt warm halten. Das restliche Öl in die Pfanne geben, Zwiebel und Knoblauch darin glasig braten. Das zerkleinerte Gemüse zufügen und unter Rühren kräftig andünsten. Zugedeckt bei mittlerer Hitze in etwa 10 Minuten gerade eben bissfest garen. Das Fleisch, die Sultaninen und die Mandeln unter das Gemüse mischen und alles unter Rühren noch einmal kräftig erhitzen. Mit dem Dill bestreuen und anrichten. Den Joghurt in eine Schüssel geben, mit Salz, Pfeffer, einer Prise Zucker und dem Paprika würzen und dazu servieren. Außerdem passen Pellkartoffeln dazu.

Paprika-Huhn mit Tomatenreis

Zutaten für 4 Portionen:
1 Huhn (ca. 1,4 kg)
Salz, schwarzer Pfeffer
1 große Zwiebel
2 Knoblauchzehen
1 große unbehandelte Zitrone
2 Becher fettarmer Joghurt (250 g)
2 TL Speisestärke (Remiga)
1 TL Paprika edelsüß
1/2 Dose geschälte Tomaten (Happy Harvest, 400 g)
1/2 Pckg. Parboiled Reis (500 g)
3/4 l Gemüsebrühe (Instant)
1 EL Olivenöl (Lorena)
2 EL getrocknetes Suppengewürz (Lachende Köchin)
1 Bund Petersilie

Das Huhn innen und außen kalt abspülen, trocken tupfen und in acht Stücke schneiden. Mit Salz und Pfeffer würzen und in einen antihaftbeschichteten Schmortopf legen. Die Zwiebel und den Knoblauch abziehen und fein hacken. Die Zitrone heiß abwaschen und in Scheiben schneiden. Die Petersilie waschen, trocken tupfen und fein hacken. Alle diese Zutaten über die Hühnerstücke verteilen. Den Joghurt mit Speisestärke und Paprika verrühren und darüber gießen. Das Huhn im geschlossenen Bräter in den vorgeheizten Backofen stellen und bei 220 Grad etwa 1 Stunde schmoren. Dabei einmal wenden. Während das Huhn im Ofen ist, die geschälten Tomaten aus der Dose in ein Sieb abgießen, den Saft in einem Kochtopf auffangen und mit der Gemüsebrühe mischen. Den Reis zugeben und alles kräftig sprudelnd zum Kochen bringen. Zugedeckt auf der abgeschalteten Kochstelle 5 Minuten ziehen lassen. Dann gut zugedeckt bei schwacher Hitze in 10 bis 15 Minuten körnig weich garen. Inzwischen die geschälten Tomaten aus der Dose grob zerdrücken. Mit Öl und Suppengewürz in eine Pfanne geben und bei mittlerer Hitze unter Rühren etwa 5 Minuten schmoren, bis sie dick eingekocht sind. Den Reis mit einer Gabel untermischen, mit Salz und Pfeffer abschmecken und zum Huhn servieren.

✻ *Reste-Tipp*
Die Tomaten, die bei diesem Gericht übrig bleiben, können Sie für das Schweineragout (Rezept Seite 53) oder Spaghetti mit Käse-Sahne-Gemüse (Rezept Seite 64) verwenden.

Schweineragout in Pestosauce

Zutaten für 4 Portionen:

500 g Schweineschulter (ohne Knochen)
2 Zwiebeln
2 EL Öl
1/2 Dose geschälte Tomaten (Happy Harvest, 400 g)
100 ml Gemüsebrühe (Instant)
Salz, schwarzer Pfeffer
1 Becher fettarmer Joghurt (250 g)
1 Glas Pesto alla Genovese (Cucina, 212 g)

Das Fleisch in gulaschgroße Würfel schneiden. Die Zwiebeln abziehen und fein würfeln. Das Öl in einer antihaftbeschichteten Pfanne erhitzen und das Fleisch darin bei starker Hitze rundherum braun anbraten. Die zerdrückten Tomaten (eventuell mit dem Saft) und die Gemüsebrühe zugeben. Mit Salz und Pfeffer würzen und einmal aufkochen. Zugedeckt bei schwacher Hitze in etwa 1 Stunde weich schmoren. Den Joghurt mit dem Pesto verrühren und unter das Fleisch mischen. Noch einmal erhitzen. Dazu passen Salat und Kroketten oder Kartoffelbrot.

Milchprodukte für ein gesundes Skelett

Ob Milch pur, herzhafter Käse oder fein säuerlicher Joghurt, ob ein Löffel Schmant am Gemüse und ein guter Schuss Sahne in der Suppe, ob pikant gewürzte Brotaufstriche mit Frischkäse oder »schlanker« Kräuterquark zu Pellkartoffeln – alle diese Produkte geben Ihnen reichlich Kalzium. Der Mineralstoff bildet das »Baumaterial« unseres Skeletts: Knochen und Zähne eines erwachsenen Menschen speichern immerhin etwa 1 Kilo Kalzium. Den regelmäßigen Nachschub bekommen wir nur aus dem Essen: Pro Tag sollten es zwischen 800 und 1500 mg sein. Nehmen wir zu wenig Kalzium auf, greift der Körper den

eigenen Vorrat an. Das aber gefährdet die Stabilität unserer Knochen und die Gesundheit unserer Zähne. Deshalb muss die Kalziumzufuhr das ganze Leben lang stimmen. So kommt es im Alter selten zu Osteoporose (siehe Kasten), zu Brüchen und Verkrümmungen der Wirbelsäule.
Doch Kalzium dient uns nicht nur zum Knochenbau; es schließt Wunden, wenn wir uns verletzen, weil es die Blutgerinnung unterstützt. Es spielt eine Rolle für Muskeln und Nervenzellen – ohne Kalzium könnten wir uns nicht bewegen, denn es reguliert die Reize zwischen den Nervenzellen. Und es hält – gemeinsam mit dem Magnesium – den Herzmuskel intakt.

Die Bedarfstabelle für Kalzium finden Sie auf Seite 56, Beispiele für einen optimalen »Kalzium-Tag« auf Seite 57. Tipps zur problemlosen Versorgung mit dem Mineral stehen auf Seite 56.

Das betrifft uns Frauen: Osteoporose mit Milchprodukten verhindern

Die Zahlen sind bedrückend: Vier bis sechs Millionen Menschen in Deutschland leiden an Osteoporose – vorwiegend Frauen nach den Wechseljahren. Diese Störung des Knochenstoffwechsels entsteht, wenn die Knochenmasse abnimmt. Das beginnt schon etwa ab dem 30. Lebensjahr. Der Aufbau des Knochens verändert sich, das Risiko von Knochenbrüchen steigt. Doch man kann Osteoporose mit einer Ernährung, die reichlich Kalzium liefert, ziemlich leicht vorbeugen. Denn je mehr Knochenmasse man in der Jugend aufbaut, desto höher bleibt sie das ganze Leben hindurch. Deshalb ist es so wichtig, dass Kinder die ganze bunte Palette der Milchprodukte bekommen, dass vor allem Mädchen und junge Frauen für regelmäßigen, das heißt täglichen Nachschub sorgen. Denken Sie dran:

Ein Viertelliter Milch, 250 Gramm Joghurt und zwei Scheiben Käse pro Tag reichen schon aus, um das tägliche Soll von 1000 bis 1200 Milligramm Kalzium zu erreichen. Wie Sie diese nüchternen Zahlen in köstliche Gerichte »verwandeln«, lesen Sie in den Rezepten.

Kalzium beim Stillen?

Der Körper verliert durch das Stillen im Schnitt täglich 200 bis 250 Milligramm Kalzium. Trotzdem brauchen stillende Mütter keine speziellen Kalziumpräparate zum Ausgleich. Amerikanische Experten hatten bei knapp 400 Müttern untersucht, wie sich zusätzliches Kalzium auf die Knochendichte auswirkt. Die Frauen nahmen mit der Nahrung maximal 800 Milligramm Kalzium pro Tag auf und führten weitere 1000 Milligramm mit einem Präparat zu. Diese »künstliche« Aufnahme hatte praktisch keinerlei Effekt: Der Organismus glich den Kalziumverlust beim Stillen durch Abbau von Knochensubstanz aus. Zu verhindern ist das nur mit vernünftiger Ernährung: Die Deutsche Gesellschaft für Ernährung empfiehlt stillenden Müttern deshalb täglich etwa 1200 mg Kalzium. Diese Menge ist zum Beispiel enthalten in 1 l fettarmer Milch

Achtung

Kalziumpräparate sollten Sie nur nach Rücksprache mit dem Arzt einnehmen.

So viel Kalzium empfiehlt die Deutsche Gesellschaft für Ernährung (DGE) pro Tag:

- Kinder 600 bis 900 mg (zunehmend mit dem Alter).
- Jugendliche von 13 bis 18 Jahren: 1000 bis 1200 mg (zunehmend mit dem Alter).
- Erwachsene bis 25 Jahre: 1000 mg.
- Erwachsene bis 50 Jahre: 900 mg.
- Erwachsene über 50 Jahre: 800 mg.
- schwangere Frauen: 1200 mg.
- stillende Mütter: 1300 mg.
- Osteoporose-Patienten: 2000 bis 2500 mg bzw. nach Anweisung des Arztes.

Ein paar Tipps zur optimalen Versorgung

- Eine große Tasse Milchkaffee deckt etwa 1/4 des täglichen Kalziumbedarfs.
- 200 g Magerjoghurt mit Früchten als Zwischenmahlzeit liefert noch mal ca. 250 mg Kalzium.
- Käse ist eine besonders gute Kalziumquelle: 1 Portion (ca. 50 g) Weichkäse zu Ihrem Brot enthält etwa 250 mg Kalzium.
- Ergänzen Sie den Bistrosalat zu Mittag mit gewürfeltem Feta-Käse – 50 g Feta versorgt Sie mit etwa 200 mg Kalzium.
- Bereiten Sie Nudelauflauf mit geriebenem Emmentaler zu: Der Käse liefert pro Portion (ca. 25 g) satte 275 mg Kalzium.
- Für die italienische Pasta nehmen Sie wie gewohnt geriebenen Parmesan zum Bestreuen. Auch dieser Käse ist ein Kalzium-Schwergewicht mit 1180 mg pro 100 g.
- Essen Sie möglichst oft Gemüse mit hohem Kalziumgehalt:

Brokkoli, grüne Bohnen und Lauch (Porree). Dazu gibt es Käsesauce, damit der Körper das Gemüse-Kalzium besser verwerten kann.

- Essen Sie möglichst einmal pro Woche Seefisch, damit auch die Versorgung mit Vitamin D stimmt. Denn der Körper braucht ausreichend Vitamin D, um Kalzium aus Lebensmitteln zu nutzen.
- Wie jeder Mineralstoff löst sich auch Kalzium in Wasser. Deshalb sollten Sie das Gemüse nur kurz waschen, nicht im Wasser liegen lassen und in so wenig Wasser wie möglich garen. Am besten verwenden Sie die Garflüssigkeit für die Sauce.

Beispiel für einen Kalzium-Tag

- Morgens zum Frühstück Joghurt – probiotisch, wenn Sie gleichzeitig Ihren Darm pflegen wollen. Wenn's schnell gehen muss, wählen Sie einen fertigen Fruchtjoghurt, wer mehr Zeit hat, mischt sich ein Orangen-Müsli (Rezept Seite 58).
- Der Vormittags-Imbiss könnte ein Schnittchen Vollkornbrot mit einer Scheibe Gouda-Käse und reichlich Kresse sein.
- Mittags gibt es Frühlingsreis mit Käse (Rezept Seite 58), danach ein ALDI-Buttermilchdessert aus der Kühltheke. Oder, als schneller Imbiss, gebackene Käsebrote (Rezept Seite 59).
- Zum Abendessen servieren Sie im Sommer Joghurtsuppe mit Kräutern, im Winter Linsensuppe (Rezepte Seiten 60/61). Dann stellen Sie eine bunt gemischte Käseplatte, Radieschen, Tomaten und Gurke auf den Tisch. Dazu gibt's knusprig aufgebackenes Ciabatta und kerniges Vollkornbrot.

Orangenmüsli
Zutaten für 4 Portionen:
2 Orangen
2 Äpfel
80 g Bio Knusper-Müsli (Knusperone, 375-g-Beutel)
1 Becher fettarmer Joghurt (250 g)
200 ml fettarme Milch (Milfina, 1,5 %)
1-2 EL Orangenblüten- oder Lindenhonig (Immenhof)

Die Orangen und die Äpfel schälen und zerkleinern. Auf vier Schälchen verteilen und mit dem Müsli bestreuen.
Den Joghurt mit der Milch vermischen und auf das Obst geben. Den Honig darüber träufeln

Frühlingsreis mit Käse
Zutaten für 4 Portionen:
1/2 Pckg. Parboiled USA-Reis (500 g)
Salz
1 Zwiebel
1 Knoblauchzehe
50 g gekochter Bauchspeck (Küper)
2 Tomaten
1/2 Pckg. Gemüse (Gartenkrone; TK-Ware, 1 kg)
2 EL Sonnenblumenöl (Bellasan)
1 TL Klare Brühe (Lachende Köchin)
1/2 Becher Schmant (24% Fett, 200 g)
schwarzer Pfeffer
1/2 Beutel geriebener Emmentaler
(Oberalp, 45% Fett i.Tr., 200 g)

Den Reis mit 1/2 l Wasser und Salz in einem Topf aufkochen und bei schwacher Hitze in etwa 20 Minuten körnig weich garen. Inzwischen die Zwiebel und den Knoblauch abziehen und fein zerkleinern. Den Bauchspeck klein würfeln. Die Tomaten überbrühen, häuten und grob würfeln, dabei die Stielansätze herausschneiden. Das Öl in einer Pfanne erhitzen. Zwiebel, Knoblauch und Bauchspeck darin bei schwacher Hitze unter Rühren in etwa 5 Minuten glasig braten. Das TK-Gemüse zugeben und unter Rühren etwa 5 Minuten mitdünsten. Tomaten, etwa 5 Esslöffel Wasser und die Brühe zugeben und zugedeckt bei mittlerer Hitze dünsten, bis das Gemüse gar ist. Den Reis und den Schmant darunter mischen und noch einmal erhitzen. Alles mit Salz und Pfeffer abschmecken und mit dem Käse bestreut servieren. Dazu passt Salat.

✻ *Tipp*
Wer den Reis besonders würzig mag, nimmt Parmesankäse. Sehr mild schmeckt er dagegen mit gewürfeltem Mozzarella-Käse.

Gebackene Käsebrote
Zutaten für 4 Portionen:
1/2 Beutel geriebener Emmentaler
(Oberalp, 45% Fett i.Tr., 200 g)
1 EL Sonnenblumenmargarine (Bellasan)
1 frisches Ei aus Freilandhaltung (Gewichtsklasse M)
1/4 TL getrocknete 8-Kräuter-Mischung
(Mamsell)
Salz, schwarzer Pfeffer
Paprika edelsüß
4 Scheiben Kartoffel- oder Weizenmischbrot

Den Käse mit Sonnenblumenmargarine, Ei, Kräutern, wenig Salz und je einer kräftigen Prise Pfeffer und Paprika vermischen. Die Käsecreme auf die Brotscheiben streichen. Brote nebeneinander auf ein Backblech legen und im heißen Backofen bei 250 Grad etwa 10 Minuten backen, bis der Käse geschmolzen und leicht gebräunt ist. Dazu schmeckt Tomaten- oder Gurkensalat.

Joghurtsuppe mit Kräutern

Zutaten für 4 Portionen:

1 Zwiebel
3 EL Sonnenblumenöl (Bellasan)
50 g Mehl
1 EL Klare Brühe oder Gemüsebrühe
2 EL getrocknetes Suppengewürz (Lachende Köchin)
2 Becher Vollmilchjoghurt (150 g)
1 frisches Ei aus Freilandhaltung (Gewichtsklasse M)
2 EL getrocknete 8-Kräuter-Mischung (Mamsell)
Salz, schwarzer Pfeffer
1/4 TL Paprika edelsüß

Die Zwiebel abziehen und fein zerkleinern. Das Öl in einem Topf erhitzen. Die Zwiebel darin bei schwacher Hitze glasig braten. Mit dem Mehl bestreuen und leicht goldbraun anrösten. Nach und nach 1/2 Liter Wasser zugießen und rühren, bis die Suppe glatt ist. Brühe oder Gemüsebrühe und Suppengewürz zugeben und unter häufigem Umrühren zum Kochen bringen. Zugedeckt bei schwacher Hitze 10 Minuten garen. Inzwischen den Joghurt mit dem Ei und den Kräutern verrühren. Den Topf mit der Suppe von der Kochstelle nehmen. Unter die Joghurtmischung etwa eine Schöpfkelle heiße Suppe rühren. Das ganze nun nach und nach in die restliche Suppe rühren. Topf wieder auf die Kochstelle setzen und die Joghurtsuppe bis knapp unter den Siedepunkt erhitzen, aber nicht mehr aufkochen. Mit Salz, Pfeffer und Paprika kräftig würzen und sehr heiß servieren.

Feine Linsensuppe mit Kräutern

Zutaten für 4 Portionen:
1 Dose Linsensuppe mit magerem Schweinefleisch (Bill Collins, 800 g)
2 EL gemischte, getrocknete Salatkräuter (Mamsell)
2 EL Balsamico-Essig (Cucina)
2 EL Vollmilchjoghurt (150 g)

Die Linsensuppe erhitzen. Die Salatkräuter untermischen. Suppe mit Essig würzen. Den Joghurt im geschlossenen Becher kräftig schütteln, damit er cremig wird. Die ganz heiße Suppe auf gut vorgewärmte Teller verteilen und den Joghurt als Kleckse auf die Suppenportionen setzen. Mit einer Gabel locker untermischen und die Suppe sofort servieren.

✻ *Tipp*
Falls Ihnen die Suppe aus der Dose zu dickflüssig ist: Bereiten Sie 2 Portionen Hühnersuppe (Lachende Köchin) zu, die Sie unter die heißen Linsen mischen. Die Nudeln in der Hühnersuppe ergänzen sich gut mit den Linsen.

Kalzium für Kinder

Kinder brauchen mehr Kalzium als Erwachsene, denn ihr Organismus baut Knochen und Zähne ja noch auf. Nur machen sich viele Kinder gar nichts aus Joghurt und Quark, sie mögen die Milch zum Frühstück nicht und weisen das Käsebrot zurück. Geben Sie Ihnen das Gute aus der Milch also nett »verpackt«: Die heiß geliebten Fleischbällchen bekommen einen würzigen Dipp, Hähnchenschnitzel eine feine Joghurtsauce, die Nudeln gibt's mit viel Gemüse in Käsecreme. Dazu noch Süßes als Hauptgericht nach einer kräftigen Suppe: Grießauflauf, Grütze mit Quarkklößchen oder Apfelpfannkuchen.

Nuss-Hackbällchen mit Zaziki

Zutaten für 4 Portionen:

1/2 Pckg. Hackfleisch (Tillman's, TK-Ware, 500 g)
2 EL Erdnüsse, pikant gewürzt, ohne Fett geröstet
1 Brötchen (vom Vortag)
2 EL gemischte, getrocknete Salatkräuter (Mamsell)
1 frisches Ei aus Freilandhaltung (Gewichtsklasse M)
1–2 EL Semmelbrösel
Salz, schwarzer Pfeffer
1 Messerspitze Paprika edelsüß
2 EL Sonnenblumenöl (Bellasan)
2 Pckg. Zaziki-Quark (Milfina, 200 g)
2 EL leichte Salatcreme (KIM)

Das Hackfleisch auftauen lassen. Die Erdnüsse fein hacken. Das Brötchen in Wasser etwa zehn Minuten einweichen und wieder gut ausdrücken und rupfen. Mit dem Hackfleisch, den Erdnüssen, den Kräutern, dem Ei, den Semmelbröseln, Salz, Pfeffer und Paprika mischen. Mit angefeuchteten Händen etwa 16 kleine Bällchen formen. Die Hackbällchen im heissen Öl rundherum etwa fünf Minuten braten. Zaziki-Quark und Salatcreme mischen und als Dipp zu den heißen Bällchen servieren. Dazu passen Reis oder Ciabatta und Salat.

Hähnchenschnitzel mit Joghurtsauce
Zutaten für 4 Portionen:
1 Zwiebel
1 Becher Vollmilchjoghurt (150 g)
1/4 Becher Schmant (24% Fett, 200 g)
1/2 EL Mehl
1 1/2 EL Pflanzenfett zum Braten (KIM)
30 g geriebener Parmesankäse
1 TL getrocknete 8-Kräuter-Mischung (Mamsell)
4 Hähnchenbrustfilets
(Gut Weißenhaus, TK-Ware; 600-g-Pckg.)
Salz, schwarzer Pfeffer
1 Kästchen Gartenkresse

Die Zwiebel abziehen und sehr fein zerkleinern. In 1/2 Esslöffel heißem Fett bei mittlerer Hitze glasig dünsten. Den Joghurt, den Schmant und das Mehl kräftig verrühren. Unter die Zwiebeln mischen und die Sauce bei schwacher Hitze unter Rühren dick einkochen. Dann von der Platte nehmen und abgedeckt warm halten. Den Käse und die Kräuter auf einem Teller mischen. Die Hähnchenbrustfilets kalt abspülen, trocken tupfen und rundherum mit Salz und Pfeffer würzen. In der Käsemischung wenden und im restlichen heißen Fett rundherum braun braten. Auf vorgewärmten Tellern anrichten, mit der Sauce umgießen und mit den Kresse-Sträußchen garnieren.

* *Tipp*
Die Käsekräutermischung gibt den Hähnchenbrustfilets ein besonders feines Aroma. Damit die Kruste gut haften bleibt, müssen Sie das Fleisch mit Küchenpapier ganz trocken tupfen.

Spaghetti mit Käse-Sahne-Gemüse

Zutaten für 4 Portionen:

2 Zucchini
1 rote Paprikaschote
1/2 Pckg. Champignonscheiben
(Gartenkrone; TK-Ware, 750 g)
2 EL Olivenöl (Lorena)
1 Becher Frischkäse mit französischen Kräutern
(Bayernland, 70 % Fett i. Tr., 200 g)
1/2 Dose geschälte Tomaten (Happy Harvest, 400 g)
1 TL getrocknete 8-Kräuter-Mischung (Mamsell)
1 EL Klare delikate Brühe (Lachende Köchin)
2 TL Zitronensaft (Citrovin oder frisch gepresst)
Salz, schwarzer Pfeffer
1 Pckg. Spaghetti (Alino, 500 g)

Zucchini und Paprikaschote waschen, putzen und in kleine Würfel schneiden. Beide Gemüse und die Champignons im heißen Olivenöl unter Rühren etwa 2 Minuten schmoren. Den Frischkäse mit 1/4 l heißem Wasser glatt rühren und unter das Gemüse mischen. Zerdrückte Tomaten, Kräuter, die Brühe und den Zitronensaft zufügen und zugedeckt bei schwacher Hitze garen, bis das Gemüse gerade eben weich ist. Mit Salz und Pfeffer abschmecken. Die Spaghetti in reichlich Salzwasser bissfest kochen, abgießen und abtropfen lassen. Mit dem Gemüse mischen und auf heißen Tellern anrichten. Dazu Salat servieren und eventuell mit geriebenem Parmesan bestreuen.

Grießauflauf mit Kirschen

Zutaten für 4 Portionen:

1/2 l Milch (Milfina, 3,5 %)
1 Prise Salz
125 g Grieß
750 g Kirschen
4 frische Eier aus Freilandhaltung (Gewichtsklasse M)
50 g Butter
125 g Zucker
1 TL Vanillinzucker
abgeriebene Schale und Saft von 1/2 Zitrone (unbehandelt)
1 Becher Magerquark (250 g)
50 g Bio Gourmet-Müsli mit Früchten
(Knusperone, 375-g-Beutel)

Milch und Salz in einem Topf aufkochen. Den Grieß unter Rühren zugeben, erneut aufkochen und zugedeckt auf der abgeschalteten Kochstelle 10 Minuten quellen, dann lauwarm abkühlen lassen. Inzwischen die Kirschen waschen, abzupfen und entsteinen. Die Eier trennen. Eiweiß steif schlagen. Die weiche Butter mit Zucker, Vanillinzucker, Zitronenschale und Zitronensaft in einer Schüssel schaumig rühren. Zuerst nacheinander die Eigelbe, dann esslöffelweise den Grießbrei und den Quark unterrühren. Zuerst die Kirschen, dann Eiweißschnee und zuletzt das Müsli auf den Teig geben und alles miteinander vermischen. Den Teig in einer ofenfesten Form mit hohem Rand glatt streichen. Den Auflauf in den vorgeheizten Backofen stellen und bei 180 Grad etwa 1 Stunde backen.

✻ *Tipp*

Der Auflauf schmeckt auch mit abgetropftem Obst aus Glas oder Dose, tropischer Frucht- oder Beerenmischung aus der Tiefkühltruhe.

Quarkklößchen mit Exotengrütze

Zutaten für 4 Portionen:

Grütze:

1 Pckg. Tropische Fruchtmischung
(Gartenkrone; TK-Ware, 750 g)
1/8 l Apfelsaft
2 gestrichene EL Speisestärke (Remiga)

Klößchen:

2 Becher Magerquark (250 g)
etwa 150 g Weizenmehl Type 405
50 g Semmelbrösel
2 frische Eier aus Freilandhaltung (Gewichtsklasse M)
2 EL Zucker
1/2 Päckchen Vanillinzucker
Salz
1 TL abgeriebene Zitronenschale (unbehandelt)
1 EL Weißklee- oder Akazienhonig (Immenhof)

Die Fruchtmischung in einem Topf bei schwacher Hitze auftauen lassen. Apfelsaft und Speisestärke glatt rühren und untermischen. Alles aufkochen, etwa 1 Minute kochen und abkühlen lassen. Zugedeckt 2 Stunden kühlen. Den Quark mit Mehl, Semmelbröseln, Eiern, Sahne, Zucker, Vanillinzucker, 1 Prise Salz und Zitronenschale verrühren und 30 Minuten zugedeckt ruhen lassen. Mit zwei Esslöffeln ein walnussgroßes Probeklößchen abnehmen und in siedendem Salzwasser 5 Minuten kochen. Wenn das Klößchen die Form behält, die restlichen Klößchen ebenfalls abstechen, ins kochende Wasser geben und die Temperatur zurückschalten. Falls der Teig zu weich ist, noch etwas Mehl untermischen. Die Klößchen im offenen Topf bei schwacher Hitze 10 bis 15 Minuten garen. Mit einem Schaumlöffel herausnehmen, auf vorgewärmte Teller verteilen und mit dem Honig beträufeln. Die Grütze neben den Klößchen anrichten.

✻ *Tipp*
Die Grütze kann man nicht stürzen. Wer sie fester mag, kocht sie mit 2 gehäuften Esslöffeln Speisestärke.

Apfelpfannkuchen
Zutaten für 4–6 Portionen:
250 g Mehl
Salz
1/2 l Milch (Milfina, 3,5 %)
4 frische Eier aus Freilandhaltung (Gewichtsklasse M)
2 EL Zitronensaft (Citrovin oder frisch gepresst)
4 Äpfel
4 EL Zucker
2 EL gehobelte Mandeln (Sweet Valley, 100-g-Beutel)
1/2 TL Zimtpulver
eventuell Mineralwasser
knapp 4 EL Pflanzenfett zum Braten (KIM)
4–6 TL Sonnenblumen- oder Lindenhonig (Immenhof)

Das Mehl mit Salz, Milch und Eiern zu einem glatten Teig verrühren und zugedeckt 30 Minuten ruhen lassen. Inzwischen die Äpfel vierteln, vom Kerngehäuse befreien, schälen und in dünne Spalten schneiden. Spalten mit Zitronensaft beträufeln. Zucker mit Mandeln und Zimtpulver mischen. Den Teig nach der Ruhezeit noch einmal durchrühren. Falls er zu dickflüssig ist, noch etwas Mineralwasser dazugeben. Pro Pfannkuchen ein bis eineinhalb Schöpfkellen Teig in eine Pfanne mit heißem Pflanzenfett geben und nach allen Seiten schwenken, damit der Teig den Pfannenboden vollkommen bedeckt. Mit Apfelspalten belegen und mit der Zucker-Mandel-Mischung bestreuen. Zugedeckt bei mittlerer Hitze etwa 5 Minuten backen, bis er sich leicht vom Pfannenboden löst. Die Temperatur zurückschalten, den Pfannkuchen mit Hilfe eines großen Tellers wenden (siehe

Tipp) und bei schwacher Hitze fertig backen. Auf einem Teller in den vorgeheizten Backofen stellen und bei 50 Grad (Gas Stufe 1/2) warm halten, bis alle Pfannkuchen gebacken sind. Zum Servieren mit dem Honig beträufeln.

✻ *Tipps*

- Die Menge ergibt vier sehr große und sechs normale, schön dicke Eierkuchen mit vielen Äpfeln darauf.
- Zum Wenden den Eierkuchen mit dem Pfannenmesser vorsichtig lösen, die Pfanne leicht kippen und den Pfannkuchen auf einen großen Teller schieben. Einen zweiten Teller darüber legen, das ganze umdrehen und den Eierkuchen so gewendet wieder in die Pfanne schieben.

Kalzium für Senioren

Oft wird behauptet, dass kalziumreiche Ernährung bei Senioren das Risiko der »Verkalkung« birgt. Das ist falsch: Es gibt keinen Zusammenhang zwischen Kalziumaufnahme durch die Nahrung und Kalziumeinlagerung in den Adern oder Gelenken. Für »verkalkte« Gefäße (Arteriosklerose) ist in erster Linie Cholesterin verantwortlich, bei Arthritis und Arthrose handelt es sich um den Abbau von Schmierstoffen und Knorpelmasse zwischen den Knochen.

Ältere Menschen benötigen Kalzium sogar sehr dringend, denn es sorgt für einen gesunden Blutdruck. Am besten für die Senioren-Ernährung sind gut verträgliche Sauermilchprodukte, die Magen und Darm nicht belasten und nur wenig Fett enthalten. Hier finden Sie drei leichte Gerichte für Frühstück, Mittagessen und Abendbrot.

Bananenjoghurt
Zutaten für 2 Portionen:
2 reife Bananen
Saft von 1 kleinen Orange
ca. 1 EL Linden- oder Waldhonig (Immenhof)
2 Becher probiotischer Joghurt (Biotic, 150 g)
1 EL Haselnusskerne

Die geschälten Bananen in Orangensaft und Honig zerdrücken. Den Joghurt untermischen. Die Nüsse fein hacken und darüberstreuen.

✻ *Tipp*
Streuen Sie über jede Portion einen Löffel »Honey Wheat« – leicht verdauliche Weizenkost aus dem vollen Korn mit etwas Honig. Oder Sie essen Knäckebrot mit Frischkäse dazu – ebenfalls eine gute Kalziumquelle.

Blumenkohl in Käsesauce
Zutaten für 2 Portionen:
1 kleiner Blumenkohl (etwa 500 g)
1/2 Pckg. Blumenkohl-Brokkolisuppe
(Lachende Köchin, 3 Teller)
1/4 Pckg. Schinken-Scheibletten (Alpenmark, 200 g)
4 EL Milch (Milfina, 3,5 %)
1 TL Zitronensaft (Citrovin oder frisch gepresst)
2 geschälte Tomaten (Happy Harvest, 400-g-Dose)
1–2 TL gemischte, getrocknete Salatkräuter (Mamsell)

Den Blumenkohl putzen und in Röschen und Strünke teilen. Die Blumenkohl-Brokkolisuppe nach Packungsanweisung zubereiten. Blumenkohl zugeben und einmal aufkochen. Zugedeckt in etwa 10 Minuten bissfest garen. Inzwischen den Käse in kleine Würfel schneiden. Den Blumenkohl mit einem Schaumlöffel bis auf wenige Gemüsestückchen (möglichst Strünke) herausnehmen und warm halten. Die Milch, den Zitronensaft und die Käsewürfel in die Suppe geben und alles bei schwacher bis mittlerer Hitze so lange rühren, bis sich der Käse aufgelöst hat. Den Blumenkohl und die zerdrückten Tomaten in der Sauce erhitzen, aber nicht mehr aufkochen. Die Kräuter untermischen. Dazu passen Pellkartoffeln.

✻ *Tipp*
Blumenkohl gehört genau wie Brokkoli zu den besonders leicht verdaulichen Gemüsearten. Beim Blumenkohl nur die harten Blätter entfernen. Alles Grüne liefert viel Vitamin C; durch Zitronensaft an der Sauce bleibt das Vitamin auch zum größten Teil erhalten.

Herzhafter Quarkschmarren
Zutaten für 2 Portionen:
1 Becher Magerquark (250 g)
50 g Mehl
50 g Semmelbrösel
2 frische Eier aus Freilandhaltung (Gewichtsklasse M)
1 EL gemischte, getrocknete Salatkräuter (Mamsell)
Salz, schwarzer Pfeffer
1 große Messerspitze Paprika edelsüß
2 EL Färberdistelöl, geschmacksneutral

Quark, Mehl, Semmelbrösel und Eier vermischen. Den Teig mit Kräutern, Salz, Pfeffer und Paprika kräftig abschmecken. 1 Esslöffel Öl in einer antihaftbeschichteten Bratpfanne bei mittlerer bis schwacher Hitze heiß werden lassen. Den Teig als Fladen darin glatt streichen und zugedeckt bei schwacher Hitze etwa 10 Minuten backen, bis er eine Kruste hat und sich leicht vom Pfannenboden löst. Den zweiten Esslöffel Öl in die Pfanne geben, Teigfladen wenden, etwa 5 Minuten backen und mit dem Pfannenmesser in Stücke teilen. Die Stücke bei mittlerer Hitze unter häufigem Wenden in etwa 3 Minuten knusprig braten. Dazu passt gedünstetes Gemüse.

✻ *Tipp*

Der Schmarren schmeckt auch süß zu Kompott: Den Teig wie oben mit einer Prise Salz zubereiten. Statt Kräutern, Pfeffer und Paprika fügen Sie ein Päckchen Vanillinzucker und die abgeriebene Schale von 1/2 unbehandelten Zitrone hinzu. Schmarren backen und zum Servieren mit Zucker bestreuen oder mit Honig beträufeln.

Backen mit Milchprodukten

Ihre Kalziumspeicher können Sie auch mit feinem Gebäck füllen. Und zum Backen eignen sich Milchprodukte genauso gut wie Milch pur. Testen Sie es mit drei Rezepten: einem saftigen Obstkuchen mit Schmantguss, einer üppige Torte mit Frischkäse und kalziumreichen Mandeln sowie einem herzhaften Käsekuchen mit Gemüse zu Bier oder Wein.

Zwetschgenkuchen mit Schmantguss

Zutaten für 10 Stücke:

Teig:

250 g Mehl
1 Prise Salz
abgeriebene Schale von 1/4 Zitrone (unbehandelt)
80 g Sonnenblumenmargarine (Bellasan)
1 Becher Vollmilchjoghurt (150 g)

Für die Form:

Sonnenblumenmargarine (Bellasan)

Belag:
600 g Zwetschgen
50 g Zucker
1 frisches Ei aus Freilandhaltung (Gewichtsklasse M)
1/2 Becher Schmant (24% Fett, 200 g)
1 Beutel gemahlene Mandeln (Sweet Valley, 100 g)

Mehl mit Salz und Zitronenschale mischen. Weiche Margarine und Joghurt zugeben. Alles zu einem glatten Teig verkneten und die gefettete Springform (26 Zentimeter Durchmesser) damit auskleiden. Rundherum einen etwa 3 Zentimeter hohen Rand formen. Den Teigboden mehrmals mit einer Gabel einstechen und 1 Stunde kühlen. Inzwischen den Belag vorbereiten: Die Zwetschgen waschen, trocken tupfen, entsteinen und dabei halbieren. Für den Guss den Zucker mit Ei, Schmant und den Mandeln verrühren. Den Kuchenboden in den vorgeheizten Backofen stellen und bei 200 Grad 10 Minuten vorbacken. Die Zwetschgen schuppenförmig auf den Kuchenboden legen, den Guss darüber verteilen. Den Kuchen wieder in den Backofen schieben und in etwa 30 Minuten fertig backen.

✻ *Tipp*
Dieser Obstkuchen kann rund ums Jahr gebacken werden – zum Beispiel mit Äpfeln im Winter, Rhabarber im Frühling, Kirschen oder Aprikosen im Sommer. Für das Rezept oben brauchen Sie gute Herbstzwetschgen, die es ab September gibt.

Frischkäsetorte
1 Pckg. Sesamknäcke (250 g)
100 g Sonnenblumenmargarine (Bellasan)
Für die Form: *Sonnenblumenmargarine (Bellasan)*
5 frische Eier aus Freilandhaltung (Gewichtsklasse M)
2 Becher Frischkäse (Bayernland, 70 % Fett i. Tr., 200 g)
2 Becher fettarmer Joghurt (250 g)
abgeriebene Schale von 1/2 unbehandelten Zitrone
2 EL Grand Marnier oder Amaretto Aurelia
(Bitterorangen- oder italienischer Mandellikör)
1 Päckchen Vanillinzucker
150 g Zucker
2 gestrichene EL Speisestärke (Remiga)

Knäckebrot in einem Gefrierbeutel mit dem Nudelholz sehr fein zerkleinern. In eine Schüssel geben, weiche Margarine zufügen und alles mit einer Gabel verkneten. Den Teig in der gefetteten Springform (26 Zentimeter Durchmesser) verteilen und einen etwa 3 Zentimeter hohen Rand formen. Für den Belag die Eier trennen. Frischkäse mit Eigelb, Joghurt, Zitronenschale, Likör, Vanillinzucker und Zucker verrühren. Eiweiß steif schlagen und auf die Käsecreme geben. Speisestärke darüber sieben. Alles mit einem Schneebesen mischen und auf dem Tortenboden glatt streichen. Die Torte in den vorgeheizten Backofen stellen und bei 200 Grad etwa 1 Stunde backen. Die Garprobe machen, Kuchen herausnehmen und in der Form auskühlen lassen.

✻ *Tipp*
Die Torte schmeckt frisch am besten – zum Nachmittagskaffee so gut wie als edles Dessert beim Festtagsmenü. Servieren Sie dann noch ein paar Früchte dazu: zum Beispiel Tropische Fruchtmischung oder Beerenmischung (TK-Ware), Ananas, Aprikosen oder Pfirsiche aus der Dose.

Käsekuchen mit Gemüse
Zutaten für 10 Portionen:
Teig:
300 g Mehl
3 frische Eier aus Freilandhaltung (Gewichtsklasse M)
2–3 EL Olivenöl (Lorena)
Salz
Mehl zum Ausrollen
Für die Fettpfanne:
1 EL Sonnenblumenmargarine (Bellasan)
Belag:
1/2 Pckg. Kaisergemüse (Gartenkrone; TK-Ware, 1 kg)
1 EL Sonnenblumenöl (Bellasan)
Salz, schwarzer Pfeffer
2 Becher Frischkäse mit französischen Kräutern (Bayernland, 70 % Fett i. Tr., 200 g)
1/4 l fettarme H-Milch (Milfina, 1,5 %)
2 EL getrocknete 8-Kräuter-Mischung (Mamsell)
1 Pckg. dänischer Esrom (200 g)
1/2 Dose Cashewkerne, geröstet und gesalzen (150 g)
1/4 TL Paprika edelsüß
2 TL Zitronensaft (Citrovin oder frisch gepresst)
2 EL Semmelbrösel
1 Pckg. Holländer-Scheibletten (Alpenmark, 200 g)

300 g Mehl, die Eier, 3 Esslöffel kaltes Wasser, Öl und Salz mit den Knethaken des Handrührers verkneten, bis die Zutaten gut zusammenhalten. Den Teig auf die leicht bemehlte Arbeitsfläche geben und weitere 10 Minuten mit den Händen kneten. Gegebenenfalls tropfenweise kaltes Wasser zugeben, bis der Teig so geschmeidig ist, dass er nicht bröckelt oder an den Fingern klebt. Den Teig in Folie wickeln und 60 Minuten ruhen lassen. Für den Belag das Gemüse im heißen Öl bei mittlerer Hitze auftauen lassen und halb weich garen. Dabei häufig um-

rühren. Mit Salz und Pfeffer würzen und abkühlen lassen. Den Frischkäse in einer Schüssel mit der Gabel zerdrücken. Dabei nach und nach die Milch untermischen. Die Kräuter unterrühren. Die Esromscheiben in kleine Würfel schneiden, die Cashewkerne fein hacken. Beide Zutaten mit einer Gabel unter die Käsecreme ziehen. Creme mit Paprika abschmecken. Den Teig auf Mehl zu dünnen Platten ausrollen. Die Fettpfanne des Backofens mit der Margarine fetten und mit den Teigplatten auslegen; dabei rundherum einen etwa fingerbreiten Rand formen. Die Kräuterkäsecreme auf den Teig streichen. Das Gemüse (eventuell abgetropft) darauf verteilen, mit dem Zitronensaft beträufeln, mit den Semmelbröseln bestreuen und mit den Scheibletten abdecken. Den Kuchen in den vorgeheizten Backofen schieben und bei 180 Grad etwa 45 Minuten backen.

✻ *Tipp*

Der Kuchen schmeckt am besten lauwarm oder kalt, ist also ideal zum Vorbereiten. Mit grünem Salat oder Tomatensalat können Sie ihn als ein feines Essen für Gäste servieren.

Zum guten Schluss: die üppige Käseplatte

Feiner Käse krönt die Tafel – dieser Grundsatz von Feinschmeckern gilt für die gesunde Ernährung allemal. Denn Käse ist enorm wichtig für eine kalziumreiche Ernährung: Erstens, weil die meisten Menschen ihn mögen und gut vertragen – anders als Milch pur, mit der viele Menschen Verdauungsprobleme haben. Zweitens zählen zum Beispiel Emmentaler, Bergkäse und Parmesan zu den Sorten, die sehr reich an Kalzium sind – Grund genug, sie oft auf den Speisezettel zu setzen. Drittens ist eine schöne, bunte Käseplatte ein Genuss für Augen und Gaumen – ob man sie zum Familien-Abendbrot anrichtet, Gäste damit bewirtet oder als Abschluss eines festlichen Menüs serviert.

Hier finden Sie Vorschläge für alle drei Anlässe:

Kleine würzige Käseplatte
1 Pckg. Käseaufschnitt in Scheiben (Emmentaler, Tilsiter, Edamer, 250 g); je 1/2 Pckg. französischen Briekäse (200-g-Ecke, 60% Fett i.Tr.) und dänischen Blauschimmelkäse (Creme Royale, 150 g); eventuell noch 1 Pckg. Zaziki-Quark (Milfina, 200 g). Dazu gibt es Laugengebäck, Weizenbrot und Vollkornbrot, Tomaten und eventuell Äpfel.

Käseplatte zum Weinabend mit Freunden
Je 1 Stück Parmesan, österreichischen Bergkäse (45 % Fett i.Tr.) und jungen Gouda (48 % Fett i.Tr.); je 1 Pckg. Weichkäse mit Schimmel (St. Ruperti, 150 g, 70% Fett i. Tr.) und Gourmet-Tortenkäse (125-g-Stück); 1 Becher Frischkäse mit französischen Kräutern (Bayernland, 70 % Fett i. Tr., 200 g) 1 Pckg. dänischer Blauschimmelkäse (Creme Royale, 150 g)

Dazu serviert man vier verschiedene Brot- und Brötchensorten – Kartoffelbrot, Finnenbrot, frisch aufgebackene Ciabatta-Brötchen und eventuell selbst gebackenes Bauern- oder Kartoffelbrot aus der Backmischung – das Rezept dazu finden Sie auf den jeweiligen Packungen. Außerdem gibt es Peperoni und Partygurken aus dem Glas, frische Cocktailtomaten und Birnen.

Große Käseplatte nach dem Festessen
Siehe Käseplatte zum Weinabend mit je 1 Pckg. dänischem Esrom (200 g) und französischem Weichkäse (Roi de Trefle, 250 g, 55% Fett i.Tr.) ergänzt. An Beilagen reichen Ciabatta oder anderes helles Brot, Cocktailtomaten und/oder Weintrauben.

Servieren Sie die Portionskäse im Ganzen – das sieht schöner aus. Doch rechnen Sie nicht damit, dass alles aufgegessen wird: Nach einem Menü mit Vorspeise, Suppe, Hautgericht und Dessert schafft man maximal 100 Gramm Käse und ein bis zwei Stückchen Weißbrot.

3. Kapitel

Vernünftig mit Fett umgehen

Fett ist seit einiger Zeit Ernährungsthema Nummer 1: Experten beklagen, dass wir alle zu viel Fett essen. Gesundheitsbewusste Menschen wagen sich also gar nicht mehr ans Sahnetöpfchen oder haben sogar die Butter gleich ganz vom Speiseplan gestrichen. Wer den Salat mit einem Extraschuss Öl mixt, das Gemüse mit einem Löffel Schmant verfeinert, wer sich auch mal einen schönen fetten französischen Käse zum Rotwein oder eine dicke Schinkenstulle gönnt, scheint schon Raubbau an seiner Gesundheit zu treiben.

Jedoch: Es darf nicht um die Vermeidung des angeblichen »Schadstoffes« Fett gehen, sondern um den vernünftigen Umgang mit einem wichtigen Nährstoff. Fett ist – genau wie Kohlenhydrate und Eiweiß – lebensnotwendig für unseren Organismus. Deshalb hat schon die Natur dafür gesorgt, dass wir genügend davon kriegen: Da nahezu jedes Lebensmittel Fett enthält, könnten wir gar nicht vollkommen darauf verzichten.

Sinnvoll am Low-Fat-Konzept ist also nicht, Fett ganz zu meiden. Wir sollen es nur sparsamer verwenden. Fett – ob als tierisches oder pflanzliches Produkt – ist schließlich geballte Energie; mit 9 Kalorien pro Gramm liefert es mehr als doppelt so viel Kalorien wie Kohlenhydrate und Protein. Die Wirkung von Fett als hocheffektiven Brennstoff kennen wir alle. Wenn es draußen kalt ist, mögen wir heiße Suppe mit deftiger Wurst, Linseneintopf mit Speck, Eisbein und Schweinebraten.

An heißen Tagen dagegen lieben wir nur leichtes Essen: So berühmte Gerichte wie Spaghetti mit kalter Tomatensauce oder Gazpacho stammen aus der südlichen Sommerküche Europas.

Wir dürfen unseren Fettkonsum auch nicht rigoros einschränken, sonst essen wir zu viel davon. Das klingt paradox, doch

wir alle kennen den Effekt: Da haben wir beim Frühstück ein trockenes Vollkornbrötchen zum mageren Joghurt geknabbert. Denn wir wollen ja unbedingt auf die Scheibe Schinken verzichten, Butter unter der Konfitüre kommt sowieso nicht mehr in Frage. Zwei Stunden nach unserem kärglichen Frühstück knurrt der Magen. Wir ignorieren das Signal. Er knurrt vernehmlicher, vorzugsweise mitten in der wichtigen Konferenz. Sobald es geht, essen wir rasch einen gesunden Müsliriegel – ist ja nur ein kleiner Imbiss. Der hilft auch – für ein Stündchen. Wir gehen in die Kantine, stochern in unserem gesunden Salat, werfen nicht einen einzigen Blick auf Nachbars dickes Schnitzel und stürzen uns wieder in die Arbeit. Eine Stunde später meldet sich der Magen erneut. Wir packen den Joghurt aus, nehmen noch ein paar Nüsse zu uns, lassen uns ein Stückchen Kuchen mitbringen und trinken auf dem Heimweg eine große Tasse Milchkaffee. Abends gibt es mageren Käse zum vollkörnigen Brot, eine Tomate und ein Glas Mineralwasser. Das macht zwar keinen Spaß, doch ein gutes Gewissen. Nur: der Hunger kehrt bald wieder. Beim Fernsehen knabbern wir ein paar Snacks und kurz vor dem Schlafengehen noch ein, zwei Stückchen Schokolade, vielleicht mit dem gesunden Apfel. Und damit es mit dem Schlafen auch klappt, gönnen wir uns ein Gläschen heiße Milch mit Honig. Am nächsten Tag ein ähnliches Spiel. Am übernächsten essen wir abends beim Italiener eine große Pizza zum Salat. Schließlich haben wir die vergangenen Tage ja fast schon gehungert.
Zählen Sie mal die Kalorien zusammen, die Sie an einem solchen fettarmen Tag einsammeln – Sie werden staunen! Die vielen »Kleinigkeiten« ergeben nämlich ein komplettes Essen – das Sie nicht eingeplant hatten und häufig gar nicht bewusst zu sich genommen haben. Man wundert sich nur, weshalb die Waage immer mehr anzeigt.

Probieren Sie nun mal einen »fettarmen« Tag aus, der Sie satt und zufrieden macht

Zum Frühstück gibt es

Quarkcreme mit Haferflocken und Beeren

Zutaten für 4 Portionen:

1/4 Pckg. Beeren-Mischung (Gartenkrone; TK-Ware, 750 g)
2 Becher probiotisches Dessert »Quarkig und Cremig« Pfirsich-Maracuja (BI'AC, 200 g)
1 Becher Magerquark (Milfina, 250 g)
4 EL zarte Haferflocken (Remiga, 500-g-Pckg.)
1 EL Milchschokolade-Streusel (Novesia, 400-g-Pckg.)

Die Beeren auf vier Portionsteller verteilen und auftauen lassen. Das probiotische Dessert mit dem Quark verrühren. Über die Beeren geben. Mit den Haferflocken und Schokostreuseln bestreuen und sofort servieren.

Vormittagsimbiss

1 Becher Buttermilch-Dessert (Desira, 200 g) und 1 Apfel

Mittags oder abends – ganz wie Sie wollen und Zeit finden:

Warmer Gemüsesalat mit Käse

Zutaten für 4 Portionen:

1 Pckg. Pfannengemüse, mexikanisch (Gartenkrone; TK-Ware, 750 g)
2 EL Olivenöl (Lorena)
1/8 l Gemüsebrühe (Instant)
2 EL gemischte, getrocknete Salatkräuter (Mamsell)
2 EL Apfelessig
1 TL Tafelsenf mittelscharf (250-g-Glas)
Salz, schwarzer Pfeffer
2 Pakete Feta-Käse (Devina, 45% Fett i.Tr., 200 g)
3 Tomaten
4 TL leichte Salatcreme (KIM)

Das Gemüse im heißem Öl bei mittlerer Hitze anbraten und mit der Gemüsebrühe nach Packungsaufschrift garen. Die Salatkräuter untermischen. Essig, Senf, Salz und Pfeffer zu einer Salatsauce verrühren. Das Gemüse damit mischen, auf Tellern verteilen und abkühlen lassen. Zum Servieren den Feta und die gewaschenen Tomaten würfeln. Beide Zutaten auf dem Gemüse verteilen. Die Salatcreme als Kleckse auf die Tomaten setzen. Dazu schmecken Ciabatta-Brötchen.

Nachmittags-Kleinigkeit
1 großer Apfel und 2 Vollkorn-Cräcker (TUC) oder Vollkornkekse

Als Vorspeise oder kleines Essen mit Brot:
Apfelsalat mit Pistaziensauce
Zutaten für 2 Portionen:
2 säuerliche Äpfel
2 Möhren
1 EL kalifornische Pistazien, geröstet und gesalzen
1 EL leichte Salatcreme (KIM)
1–2 TL Zitronensaft (Citrovin oder frisch gepresst)
schwarzer Pfeffer
1 TL frischer Dill, fein zerkleinert

Äpfel und Möhren schälen und raspeln. Pistazien fein hacken. Alle drei Zutaten mit der Salatcreme mischen. Salat mit Zitronensaft, Salz und Pfeffer abschmecken. Mit dem Dill bestreut servieren.

Und als dritte Hauptmahlzeit:
Überbackener Fenchel
Zutaten für 4 Portionen:
4 mittelgroße Fenchelknollen
2 EL Zitronensaft (Citrovin oder frisch gepresst)
1 TL Pflanzenfett zum Braten (KIM)
1 Pckg. Passierte Tomaten (Ciccio, 500 g)
2 EL Schmant (24% Fett, 200 g)
2 EL getrocknete 8-Kräuter-Mischung (Mamsell)
Salz, schwarzer Pfeffer
1/4 TL Paprika edelsüß
1/2 Pckg. Käseaufschnitt in Scheiben (Emmentaler, Tilsiter, Edamer, 250 g)
2 EL Paniermehl

Die Fenchelknollen waschen, trocknen und der Länge nach halbieren. Die Stiele entfernen, das zarte Fenchelgrün abschneiden und für die Füllung beiseite legen. Den Strunk am Wurzelansatz der Knollen keilförmig so herausschneiden, dass die fleischigen Häute der Knolle noch zusammenhalten. In einem großen Topf reichlich Wasser mit dem Zitronensaft aufkochen. Die Fenchelhälften darin knapp zehn Minuten bei mittlerer bis schwacher Hitze vorgaren. Eine flache Gratinform mit dem Pflanzenfett ausstreichen. Die Fenchelhälften mit einem Schaumlöffel aus dem Kochsud nehmen und mit den Schnittflächen nach oben nebeneinander in die Form legen. Die Tomaten mit dem Schmant, den Kräutern, Salz, Pfeffer und Paprika verrühren und in die Fenchelhälften geben. Den Rest der Mischung zwischen den Hälften verteilen. Die Käsescheiben halbieren oder vierteln und auf den Fenchel legen. Mit dem Paniermehl bestreuen. Den Auflauf in den vorgeheizten Backofen schieben und bei 220 Grad etwa 10 Minuten überbacken. Servieren Sie dazu Pellkartoffeln und Salat. Rösti-Ecken oder Kroketten schmecken ebenfalls ausgezeichnet dazu, enthalten aber viel mehr Fett.

Fett ist lebensnotwendig

Unser Stoffwechsel funktioniert nur mit Fett, genauer: mit ganz bestimmten Fettsäuren. Genau wie mit Protein baut der Körper damit neue Zellen auf und ersetzt die alten und defekten. Andere Fettsäuren sorgen mit Hilfe bestimmter Vitamine für Wachstum und Stabilität der Knochen. Fettsäuren brauchen wir für die Bildung von Hormonen und die Regulierung des Blutstroms. Sie transportieren die fettlöslichen Vitamine A und E, die ihrerseits unsere Organe intakt halten und als wirksamer Schutz fürs Immunsystem gelten. Einige Fettsäuren sind »essenziell«, das heißt, der Körper kann sie nicht selbst produzieren, sondern holt sie aus der Nahrung. Bekommt er sie nicht, »antwortet« er mit Mangelerscheinungen und Stoffwechselstörungen. Deshalb müssen wir regelmäßig pflanzliches Fett wie Sonnenblumen- oder Färberdistelöl, Sonnenblumen-, Bio-Reform- oder Frühstücksmargarine essen.

Bestimmte Fettsäuren in Olivenöl und Fisch schützen vor Herz-Kreislauf-Erkrankungen und wirken vermutlich positiv auf den Cholesterinspiegel im Blut. Deshalb ist es gut, wenn Sie zum Braten, Schmoren und Dünsten häufig Olivenöl verwenden. Deshalb raten Ernährungsexperten, statt Fleisch öfter mal Fisch zu essen.

Fazit: Fett brauchen wir unbedingt, weil es das Brennmaterial für alle Vorgänge ist, die in unserem Organismus ablaufen – von der Verdauung bis zur Denkarbeit, die wir täglich leisten.

Ein kleines Essen aus dem Wok – ganz europäisch gewürzt, doch asiatisch schonend in wenig Fett gebraten.

Pilze aus dem Wok
Zutaten für 4 Portionen:
2 EL getrocknete Mischpilze (100-g-Dose)
300 g große weiße Champignons
1 Zwiebel
2 EL Sonnenblumenöl (Bellasan)
2 EL Knoblauch-Kräuter-Dressing (Aue Hof, 250-g-Flasche)
1–2 TL Zitronensaft (Citrovin oder frisch gepresst)
Salz, schwarzer Pfeffer

Die Mischpilze auf einem Sieb kalt abspülen und in warmem Wasser 2 Stunden zugedeckt einweichen. Abgießen und abtropfen lassen. Die Champignons mit einem feuchten Tuch abreiben und in dünne Scheiben schneiden. Die Zwiebel abziehen und klein würfeln. Das Öl im Wok oder in einer antihaftbeschichteten Pfanne erhitzen. Die eingeweichten und die frischen Pilze darin bei starker Hitze unter ständigem Wenden kräftig anbraten. Zugedeckt bei mittlerer Hitze etwa 5 Minuten schmoren. Im offenen Wok noch einmal rösten, bis die Flüssigkeit, die sich gebildet hat, wieder verdampft ist. Den Wok von der Kochstelle nehmen. Die Pilze mit dem Dressing mischen, mit Zitronensaft, Salz und Pfeffer abschmecken. Dazu passen Potato Wedges oder Vollkornbrötchen.

Alternativen zum Wurstbrot

Gesunde Brotaufstriche, mit Fantasie gemischt, ersetzen Wurst, Schinken und fetten Käse auf dem Speiseplan. Probieren Sie mal diese würzigen Cremes auf leicht getoastetem Kartoffelbrot oder auf dünnen Scheiben Finnenbrot.

Senfcreme

Zutaten für 4 Portionen:

100 g Frühstücksmargarine Vitamine A, D und E (Bellasan, 500 g)
50 g Tafelsenf mittelscharf (250 g)
1/2 Pckg. französischer Weichkäse (Roi de Trefle, 250 g, 55% Fett i.Tr.)
2 Partygurken (Gartenkrone, 580-ml-Glas, Abtropfgewicht 290 g)
Salz, schwarzer Pfeffer
1 große Messerspitze Paprika edelsüß

Die Frühstücksmargarine mit dem Senf glatt rühren. Den Käse mit der Rinde und die abgetropfte Partygurke ganz klein würfeln. Beide Zutaten mit der Senfcreme mischen. Mit Salz, Pfeffer und Paprika kräftig würzen.

✻ *Tipp*

Die Creme schmeckt besonders gut als Brotaufstrich für Sandwiches mit dünnen Salatgurken-, Tomaten- und/oder Eierscheiben.

Kräutercreme

Zutaten für 4 Portionen:

100 g Bio-Reform Margarine mit Joghurtkulturen (Bellasan, 500 g)
2 EL Joghurt-Dressing (Aue Hof, 250-g-Flasche)
2 EL gemischte, getrocknete Salatkräuter (Mamsell)
1 Kästchen Gartenkresse
Salz, schwarzer Pfeffer

Die Margarine mit dem Dressing glatt rühren. Mit den getrockneten Kräutern vermischen und zugedeckt 10 Minuten ziehen lassen. Kresse mit einer Küchenschere abschneiden und untermischen. Creme mit Salz und Pfeffer abschmecken.

* *Tipp*
Für Sandwiches 2 beliebige Vollkornbrotscheiben mit der Creme bestreichen. 1 Bund Radieschen waschen, in Scheiben schneiden und darauf verteilen. Dick mit frischen Schnittlauchröllchen bestreuen. Zwei helle Brotscheiben mit dem Rest der Creme bestreichen, auf die Radieschen legen und andrücken. Die Sandwiches diagonal halbieren.

Olivenöl

Es gehört zu den gesündesten Ölsorten (siehe auch Seite 109) überhaupt. Deshalb sollten Sie es so oft wie möglich für kalte und warme Gerichte verwenden.

Frühlingssalat mit Eierspätzle

Zutaten für 4 Portionen:
1 kleiner Kohlrabi
2 Möhren
1/2 Salatgurke
1/2 Kopf Eisbergsalat
1 EL gemischte, getrocknete Salatkräuter (Mamsell)
1/4 Pckg. Echt Schwäbische Eierspätzle (Landvogt, 500 g)
Salz, schwarzer Pfeffer
4 EL Olivenöl (Lorena)
2 TL Zitronensaft (Citrovin oder frisch gepresst)
2 EL Balsamico-Essig (Cucina)
1/2 TL Tafelsenf mittelscharf (250 g)

Den Kohlrabi, die Möhren und die Salatgurke schälen und grob raspeln. Den Salat putzen, in Streifen schneiden, waschen und trocken schleudern. Alle diese Zutaten in einer Schüssel mit den Salatkräutern mischen. Die Spätzle in reichlich Wasser mit Salz bissfest garen. Abgießen, abtropfen lassen und mit 1 EL Öl mischen. Zitronensaft, Balsamico-Essig, Senf und das restliche Öl zur Salatsauce verrühren. Mit den warmen Spätzle zu den Salatzutaten in der Schüssel geben und alles locker mischen. Mit Salz und Pfeffer abschmecken und sofort servieren.

✻ *Tipp*
Wer den Salat noch saftiger mag, mischt 2 bis 3 Esslöffel Knoblauch-Kräuter- oder Joghurt-Dressing aus der Flasche darunter.

Fisch

Bringen Sie immer mal wieder Fisch auf den Tisch. Die Fettsäuren darin sorgen für gesunden Kreislauf und ein starkes Herz.

Seelachs mit Kapern-Kartoffeln

Zutaten für 5 Portionen:
1 kg fest kochende Kartoffeln
2 frische Eier aus Freilandhaltung (Gewichtsklasse M)
1/8 l heiße Gemüsebrühe (Instant)
2 EL Hausmachersenf (250-g-Glas)
4 EL Weißweinessig (Burgmarke)
3 EL Färberdistelöl, geschmacksneutral
1 Glas Kapern (Einwaage 50 g)
Salz, schwarzer Pfeffer
1 Pckg. Alaska-Seelachs-Filets (Almare; TK-Ware, 5 Stück)
1 Bund Schnittlauch

Die Kartoffeln waschen und mit wenig Wasser in etwa 20 Minuten gar kochen. Die Eier in etwa 10 Minuten hart kochen.

Beide Zutaten abgießen, kalt abschrecken, pellen und etwas abkühlen lassen. Die Kartoffeln in kleine Würfel schneiden und in eine große Schüssel geben. Die Gemüsebrühe mit Senf, Essig und 1 EL Öl verrühren und über die Kartoffeln gießen. Die Kapern zufügen, die Kartoffeln mit Salz und einer kräftigen Prise Pfeffer würzen und alles mischen. Den Fisch im restlichen heißen Öl nach Packungsaufschrift braten. Inzwischen den Schnittlauch waschen, trocken tupfen und in Röllchen schneiden. Die Eier hacken. Kartoffeln und Fisch auf vorgewärmten Portionstellern anrichten. Die Eier auf den Kartoffeln verteilen. Alles mit dem Schnittlauch bestreuen und servieren.

Maß halten

Natürlich schadet hin und wieder etwas mehr Fett beim Essen nicht. Nur einen ständigen Überschuss gibt der Körper nicht ab, sondern lagert ihn in Form von Fettpölsterchen ein. Was heute in den reichen Ländern mit ihrem Problem des Überflusses geradezu lästig ist, hat einen guten Grund: Bis vor etwa 50 Jahren brauchten alle Menschen »stille Reserven« – wir mussten gerüstet sein für Hungerzeiten, die in der Geschichte der Menschheit überall und regelmäßig auftraten. Die Fetthülle, in der unsere weichen Organe Herz, Leber, Nieren, Milz und Darm ruhen, bleibt selbst während extremer Hungerzeiten intakt. Sie bewahrt uns bei ernsten Krankheiten davor, vom »Fleisch zu fallen«, was den Heilungsprozess erschwert. Sehr dünne Menschen werden genauso langsam gesund wie Übergewichtige. Und: Ein paar kleine Fettpölsterchen über den ganzen Körper verteilt, sind der beste Kälteschutz, sie sind Energiereserve und sorgen für ausgeglichene Stimmung. Die vollschlanke Frau als Schönheitsideal, der gutgenährte Mann mit dem vorgewölbten Bauch unter Weste und goldener Uhrkette waren noch bis vor etwa 100 Jahren Zeichen für gutsituiertes Bürgertum, das auch magere Zeiten nicht zu fürchten brauchte.

Inzwischen haben die Industrienationen auch dieses Problem für das Gros ihrer Bürger gelöst. Doch die Wohlgenährten von heute leiden an diversen Beschwerden, die ihre Gesundheit ernsthaft gefährden können: Kreislauf und Stoffwechsel spielen verrückt. Die Knochen sind unnötig belastet. Als Folge treten Bandscheiben- und Gelenkschäden auf, weil man einfach zu schwer für seine Knochen ist. Mit Zuckerkrankheit, Gicht, Bluthochdruck, Herzproblemen und Kurzatmigkeit müssen Übergewichtige häufiger kämpfen als Menschen mit Normalgewicht. Das alles hat mit zuviel Fett auf dem Teller zu tun: Es ist gewöhnlich das Croissant zum Frühstück, auf dem noch ein Stückchen Butter und ein Löffelchen Marmelade prangt, wie es uns die Werbung als Delikatesse anpreist. Es ist der kleine Snack zwischendurch, die Wurst zum Abendbrot, der man gar nicht ansieht, wie viel Fett sie enthält. Das häufige Essen außer Haus spielt eine Rolle – sei es in der Kantine, am Fast-Food-Stand oder beim gemütlichen Schwatz in der Kneipe, wo man sich zum Schoppen Wein noch einen kleinen Käseteller gönnt. Alternativen dazu finden Sie im Tipp-Kasten.

Tipps für weniger Fett auf dem Teller

Fettarme Snacks sind

- frisches Obst mit einigen Nusskernen
- ALDI-Joghurtmischungen
- körniger Frischkäse zu Brot mit Tomaten, Gurken oder Radieschen
- Klare Gemüsebrühe mit einem Brötchen
- getoastes Brot mit Tomatenwürfeln und einem Schuss Olivenöl.

Ein schlankes Abendessen bekommen Sie mit

- einem Teller Suppe und danach einem bunten Salat

- Pellkartoffeln oder gebackenen Kartoffeln mit Zazikiquark und Salat
- Tomaten mit einer Mischung aus Frischkäse und Pesto gefüllt
- Ciabatta-Brötchen mit Schmant bestrichen und mit frisch geschnittenen Kräutern bestreut zu gebratenen Krabben oder Hähnchenstreifen

In der Kantine wählen Sie

- Salat aus der Frischtheke und Obst als Dessert
- ein vegetarisches Gericht, möglichst ohne Käsekruste
- 1 Sandwichbrötchen aus der Frischtheke, 1 weiteres Brötchen und 1 kleinen Salat. Den Sandwich-Belag verteilen Sie auf beide Brötchen und essen den Salat dazu. Als Dessert gibt es Joghurt oder Obst.

Fast-Food

- Beim Italiener nehmen Sie Gemüsesuppe und Brot **oder** Salat und 1/2 Nudelgericht,
- beim Türken und beim Griechen nehmen Sie vegetarische Vorspeisen mit Brot,
- beim Japaner nehmen Sie Nudelsuppe (Ramen) mit Gemüse,
- beim Thai-Imbiss nehmen Sie Salat und Suppe.
- Achtung: Currywurst, Hamburger und Pommes frites gehören zu den fettreichsten Snacks überhaupt.

In der Kneipe:

- Essen Sie den Käseteller zu zweit und nehmen Sie dazu jeweils einen gemischten Salat.

Wichtige Fragen zum Thema Fett

1. Wie viel Fett darf man täglich essen?

Höchstens 75 g, eher weniger – vorausgesetzt allerdings, dass Sie nicht zu viel wiegen und Ihr Cholesterinspiegel in Ordnung ist. Bedenken Sie aber, dass es nicht nur um die Butter geht, die Sie aufs Brot streichen, oder das Öl, mit dem Sie den Salat mischen. Zu Buche schlagen vor allem die Fette, die in Fleisch, Wurst und fettreichem Käse versteckt sind.

2. Was sind Fat-Burner

Zum Beispiel Exotenfrüchte: Die Enzyme darin bringen unerwünschte Fettpölsterchen angeblich zum Abschmelzen – wie die warme Frühlingssonne den Winterschnee. Machen Sie die Probe aufs Exempel und essen Sie reichlich frische Ananas und/oder Kiwis – in der ALDI-Tiefkühltruhe finden Sie dazu die Tropische Fruchtmischung. Ihrer Gesundheit kann das nur nützen, vor allem im Winter, wenn Frisches ohnehin knapper und das Obstangebot eher eintönig ist. Ananas im Chicoréesalat (Rezept Seite 94) macht das Stückchen Fleisch dazu sogar besonders gut verträglich. Und da Feldsalat mit Kiwis und frisch gepresstem Orangensaft einfach köstlich schmeckt (Rezept Seite 94), bekommen Sie auch eine gute Portion Vitamin C mit Ihrem Fettschmelze-Imbiss. Die Anhänger der »Fettkiller«-Fraktion raten darüber hinaus zu einer Ernährung mit ausreichend Jod und Magnesium; beide Mineralstoffe gehören zu den »Mangelwaren« unserer Alltagskost: Den morgendlichen Zitrusfrüchtesaft, säuerliches Obst zum Dessert, täglich grünes Gemüse und regelmäßig Seefisch setzen nur wenige Menschen auf ihren Ernährungsplan. Auch die Empfehlung, fette Süßigkeiten aus weißem Mehl möglichst zu meiden, leuchtet ein: reichlich Fett macht eben fett, Zucker fördert den Heißhunger auf den nächsten schnellen Snack und weißes Mehl enthält kaum Ballaststoffe, aber viele Kalorien.

3. Hilft weniger Fett essen beim Abnehmen?

Ja: Neuen Studien zufolge nimmt man noch leichter ab, wenn

man den Fettverbrauch, nicht aber die Kohlenhydrate reduziert. Denn Kohlenhydrate wirken als »Brennstoff« und sie »verbrennen« langsam aber sicher auch unser Zuviel an Körperfett. In der Praxis ist das ganz einfach: Beim guten Start am Morgen (siehe Kapitel 1) stehen Müsli und Vollkornbrot, fettarme Brotaufstriche und viele andere gesunde Köstlichkeiten auf dem Tisch. Mit vorwiegend vegetarischer Ernährung (siehe Kapitel 4) sparen Sie eine Menge Fett, stehen aber nicht hungrig vom Tisch auf. Mit der Mittelmeer-Ernährung (siehe Kapitel 5) bekommen Sie kohlenhydratreiche Nudeln und Reis, gesundes Olivenöl und viel Salat. Und wer Süßes liebt (siehe Kapitel 6) braucht deshalb noch lange nicht in die vollen Fett- und Sahnetöpfe zu greifen. Testen und kosten Sie einfach die vielen fettarmen Gerichte, die Ihnen dieses Buch vorstellt.

4. Wie kann man Fett einsparen?

Zum Beispiel beim Kochen: Nehmen Sie hochwertiges Kochgeschirr wie antihaftbeschichtete Bräter und Pfannen und eventuell den Wok. Genaue Anleitungen dazu finden Sie auf Seite 111 ff.

Essen Sie fettreichen Käse nur als Beilage zu reichlich Salat, einem großen Rohkostbrot oder reichlich Gemüse. Ein bis zwei dünne Schinkenscheiben pro Portion geben Eintopf oder Suppe mit Gemüse mehr Aroma und enthalten Fett nur in ganz geringen Mengen.

5. Was bedeutet »Fett i. Tr.«?

Fett in der Trockenmasse. Dieser Begriff bezieht sich auf den tatsächlichen Fettgehalt im Käse. Um ihn zu errechnen, zieht man den Wassergehalt der Käsesorte ab – weicher Frischkäse enthält besonders viel, lange gelagerter alter Gouda besonders wenig Wasser – und bestimmt den Fettgehalt der reinen Käsemasse, der »Trockenmasse«.

Zum Selbstberechnen: Halbieren Sie die Prozentzahl, die Sie auf Kennzeichnungsschild oder Verpackung lesen. Dann kennen Sie – grob geschätzt – den richtigen Fettgehalt. 100

Gramm 45prozentiger Emmentaler oder Feta-Käse enthält also etwa 22 Gramm Fett, in 100 Gramm Frischkäse mit der Prozentzahl 70 sind es etwa 35 Gramm reines Fett. Richtig »schlank« ist körniger Frischkäse mit etwa 10 Gramm Fett.

Chicoréesalat mit Ananas
Zutaten für 4 Portionen:
600 g Chicorée
1/2 Dose Ananas in Stücken
(Golden Pagoda, Füllmenge 565 g, Abtropfgewicht 340 g)
1 EL getrocknete Petersilie (Mamsell)
1/2 Becher fettarmer Joghurt (250 g)
2 EL Sherry-Essig (Spezialitäten-Essig, 250-ml-Flasche)
Salz, schwarzer Pfeffer
1 EL Olivenöl (Lorena)

Den Chicorée von den welken äußeren Blättern befreien, längs halbieren, waschen und trocken schwenken. Den Strunk herausschneiden, die Hälften quer in knapp fingerbreite Streifen schneiden. Mit den abgetropften Ananasstücken und der Petersilie in eine Schüssel geben. Joghurt mit 2 EL Ananassaft, Essig, Salz, Pfeffer und Öl verrühren und den Salat damit mischen.

Feldsalat mit Kiwis
Zutaten für 4 Portionen:
200 g Feldsalat
1 EL gemischte, getrocknete Salatkräuter (Mamsell)
1 EL Cashewkerne, geröstet und gesalzen (150-g-Dose)
1 kleine Orange
Salz, schwarzer Pfeffer
1/4 TL Tafelsenf mittelscharf (250 g)
4 EL Olivenöl (Lorena)
2 Kiwis

Den Salat verlesen, mehrmals waschen, trockenschleudern und mit den Salatkräutern und den grob gehackten Nüssen in eine Schüssel geben. In einer kleinen Schale den ausgepressten Orangensaft mit Salz, Pfeffer und Senf verrühren. Dann das Öl nach und nach unterschlagen. Den Salat mit dem Dressing mischen und auf Portionstellern verteilen. Die Kiwis schälen und in kleine Würfel schneiden. Auf dem Salat verteilen.

Zwei kräftige Suppen mit wenig Fett

1. Pilzsuppe mit Gemüsestreifen

Zutaten für 4 Portionen:
1/2 Kohlrabi
1 EL Sonnenblumenöl (Bellasan)
1 Beutel Waldpilzsuppe (Lachende Köchin, 3 Teller)
2 TL Klare delikate Brühe (Lachende Köchin)
schwarzer Pfeffer
4 TL Schmant (24% Fett, 200-g-Becher)

Den Kohlrabi schälen und zuerst in dünne Scheiben, dann in feine Stifte schneiden. Im heißen Öl unter Rühren leicht anrösten. Die Suppe nach Packungsaufschrift zubereiten, dabei weitere 200 ml Wasser und die Brühe zufügen. Die Kohlrabistreifen untermischen, Suppe mit Pfeffer abschmecken und auf heißen Tellern verteilen. Auf jede Portion einen Teelöffel Schmant setzen.

2. Kartoffel-Möhrensuppe

Zutaten für 4 Portionen:

2 Möhren
1 TL Sonnenblumenmargarine (Bellasan, 500 g)
1 Beutel Kartoffelcremesuppe (Lachende Köchin, 3 Teller)
1-2 TL Klare delikate Brühe (Lachende Köchin)
2 EL getrocknete Petersilie (Mamsell)
1/8 l fettarme Milch (Milfina, 1,5 %)
2 EL H-Sahne (Milfina, 200-g-Pckg.)

Die Möhren schälen und in kleine Würfel schneiden. In der heißen Margarine anbraten, 4 EL Wasser zugeben und die Möhren halb weich dünsten. Die Suppe nach Packungsaufschrift zubereiten, dabei noch mit der Brühe würzen. Möhren, Petersilie, Milch und Sahne untermischen.

✻ *Tipp*

Mit den Möhren eventuell 2 dünne Scheiben in Streifen geschnittenen Schinken dünsten.

Zwei Low-Fat-Hauptgerichte

Gemüse, Kartoffeln und Hähnchen, dazu eine süßscharfe Joghurtsauce mit Obst. So sieht eine moderne, fettarme Mahlzeit aus, die Ihnen alle notwendigen Nährstoffe bietet.

1. Gemüseplatte mit Hähnchen

Zutaten für 4 Portionen:
1 rote Paprikaschote
1 Apfel
2 Cornichons
(Gartenkrone, 720-ml-Glas, Abtropfgewicht 370 g)
1 Becher fettarmer Joghurt (250 g)
1 Pckg. Zaziki-Quark (Milfina, 200 g)
2 mittelgroße, vorwiegend festkochende Kartoffeln
2 Knoblauchzehen
1 Pckg. Kaisergemüse (Gartenkrone; TK-Ware, 750 g)
2 EL Sonnenblumenöl (Bellasan)
1/8 l Gemüsebrühe (Instant)
1/2 Pckg. Hähnchen-Geschnetzeltes
(Gut Weißenhaus; TK-Ware, 250 g)
Salz, schwarzer Pfeffer
1/4 TL Paprika edelsüß

Für die Joghurtsauce die Paprikaschote und den Apfel waschen. Die Paprika putzen, den Apfel vierteln und vom Kerngehäuse befreien. Beide Zutaten und die Cornichons klein würfeln. Joghurt mit Zaziki-Quark glatt rühren, Paprika, Apfel und Cornichons untermischen und die Sauce beiseite stellen. Die Kartoffeln schälen, waschen und in sehr kleine Würfel schneiden. Den Knoblauch abziehen und zerdrücken. Beide Zutaten und das Kaisergemüse in 1 EL heißem Öl bei schwacher bis mittlerer Hitze etwa 5 Minuten braten. Dabei häufig umrühren. Die Brühe zugeben, einmal aufkochen und das Gemüse zugedeckt bei schwacher Hitze noch etwa 5 Minuten garen, bis die Kartoffeln weich sind. Hähnchen-Geschnetzeltes im zweiten Esslöffel Öl nach Packungsaufschrift zubereiten. Mit Salz, Pfeffer und Paprika würzen und mit dem Gemüse mischen. Die Joghurtsauce dazu servieren.

Fisch in Orangensauce mit Gemüsereis

Zutaten für 4 Portionen:

1 Pckg. Lachsfilets (Aqua; TK-Ware, 2 Filets, 250 g)
1 Kochbeutel Reis (125 g)
Salz
1 kleine Zwiebel
1 EL Olivenöl (Lorena)
1/2 Pckg. Gemüse (Gartenkrone; TK-Ware, 1 kg)
1 EL getrocknete 8-Kräuter-Mischung (Mamsell)
schwarzer Pfeffer
1 Orange
1/8 l Klare delikate Brühe (Lachende Köchin)
1/2 Becher Schmant (24% Fett, 200 g)
1 EL Grand Marnier (Bitterorangenlikör)
1 Cornichon
(Gartenkrone, 720-ml-Glas, Abtropfgewicht 370 g)

Den Fisch auftauen lassen. Den Reis nach Packungsaufschrift in leicht gesalzenem Wasser garen, dann abgießen und abtropfen lassen. Die Zwiebel abziehen und würfeln. Im heißen Öl glasig braten. Das Gemüse zugeben, mit Salz und Pfeffer würzen und zugedeckt nach Packungsaufschrift bissfest garen. Mit dem Reis mischen, mit Kräutern, Salz und Pfeffer abschmecken und warm stellen. Die Fischfilets halbieren, mit etwas ausgepresstem Orangensaft, Salz und Pfeffer würzen und in der siedenden Brühe in etwa 4 Minuten gar ziehen lassen. Dabei einmal wenden. Herausnehmen und auf vorgewärmten Tellern warm halten. Den Sud mit dem Schmant mischen und bei starker Hitze cremig einkochen. Den restlichen Orangensaft zugeben, mit dem Grand Marnier, Salz und Pfeffer abschmecken und mit dem fein gewürfelten Cornichon mischen. Die Sauce über den Fisch verteilen, den Gemüsereis daneben anrichten.

Auf die gute Mischung achten

Fett ist nicht gleich Fett: Die Fettsäuren aus pflanzlichen Lebensmitteln brauchen wir unbedingt – viele davon gehören zu den essentiellen, die wir nicht selbst bilden können. Wir müssen sie also essen. Doch keine Sorge: Das Fett in Getreide und Kartoffeln, gar in Gemüse, Salat und Obst macht nicht dick, denn es reicht nicht mal für die Energieversorgung unseres Körpers aus. Nur Nüsse und Kerne taugen nicht als Snack oder Knabberzeug, denn eine Hand voll davon hat etwa so viel Fett und Kalorien wie eine Portion Leberpastete oder ein Stück gedeckter Apfelkuchen. Deshalb nimmt man immer nur kleine Mengen als Ergänzung zu Salat oder Gemüse: Das Fett von Nüssen und Kernen enthält wichtige Fettsäuren, ihr Protein ist – in der richtigen Kombination – so wertvoll wie das von Fleisch.

Doch bei allen anderen Pflanzen dürfen Sie ruhig kräftig zulangen: Die Mengen in der normalen Portion Vollkornbrot, Reis und Kartoffeln, in Schrot und Flocken fürs Müsli sind so gering, dass wir nach der Verdauung nichts übrig behalten, das die schlanke Linie gefährden könnte. Doch das Fett in allen diesen Lebensmitteln, die zudem viele Ballaststoffe und Bioaktiv-Stoffe liefern, erfüllt andere wichtige Funktionen: Es hilft uns, fettlösliche Vitamine zu verwerten und senkt den Blutzuckerspiegel.

Auf die Fettsäuren aus tierischen Lebensmitteln können wir dagegen verzichten: unser Körper produziert sie selbst in ausreichender Menge. Beim Fett läuft es also genau umgekehrt wie beim Eiweiß: Die Aminosäuren in Fleisch und Fisch sind essentiell, die Fettsäuren in tierischen Lebensmitteln nicht. Das soll Ihnen die Butter auf dem Brötchen und die Sahne an der Sauce nicht verleiden; Sie müssen nur wissen, dass Sie darauf verzichten können, ohne Ihrer Gesundheit zu schaden. Probieren Sie einfach mal, ob Sie eine Zeit lang ohne Wurst und Schinken auskommen, ob Ihnen zum Baguette auch eine deli-

kat gewürzte Creme aus Nüssen und Frischkäse mit Pesto (Rezepte Seite 16) schmeckt oder ob Sie wirklich unbedingt den Käse dazu brauchen. Machen Sie sich Gedanken über Ihren Konsum an Fleisch: Muss es das dicke Steak nach einem stressigen Tag im Büro sein oder tut es auch der Salat mit ein paar gebratenen Stückchen Fleisch? Wenn Sie über die Möglichkeiten nachdenken, die unser Nahrungsangebot bietet – ist es dann nicht eigentlich Unsinn, immer das zu wählen, was der Körper gar nicht braucht, was ihn vielleicht sogar belastet?
Sobald Sie Ihre kulinarischen Vorlieben wirklich kennen, werden Sie das Angebot an verschiedenen Fetten auch gezielt nutzen können. Sie entdecken plötzlich das wunderbare Aroma von Walnussöl am Salat – dieses Öl versorgt Sie mit essenziellen Fettsäuren. Sie schmecken, wie das Löffelchen Sonnenblumenöl zu Kräuterquark und Rohkost passt – es liefert Ihnen mehrfach ungesättigte Fettsäuren, die bei der täglichen Fettmenge an zweiter Stelle stehen sollten. Sie mischen das Kartoffelpüree nicht mehr mit Butter, sondern mit Olivenöl, weil Sie dessen delikates Fruchtaroma so gerne mögen – das ehemals »heilige« Öl schenkt Ihnen Substanzen, die Ihr Herz und Ihre Gefäße schützen.
Die fettreichsten pflanzlichen Lebensmittel sind Nüsse und Samen. Doch Sie sollten darauf nicht verzichten: Als die Teile der Pflanze, die für die Vermehrung sorgen, liefern sie gleichsam gebündelt eine ganze Menge Nährwert: neben den ungesättigte Fettsäuren auch hochwertiges Eiweiß, das mit Nudeln, Reis, Brot oder Getreide so wertvoll ist wie ein Essen mit Fleisch. Nüsse sollten Sie sich deshalb mit anderen Lebensmitteln als komplette Mahlzeit gönnen, denn zum bloßen Knabbern sind sie einfach zu schade.

Bohnencremesuppe mit Nüssen

Zutaten für 4 Portionen:

1 Dose Rote Kidney-Bohnen (Bill Collins, 400 g)
1 kleine Zwiebel
1 TL Färberdistelöl, geschmacksneutral
1/2 Dose geschälte Tomaten (Happy Harvest, 400 g)
1–2 TL Klare delikate Brühe (Lachende Köchin)
1 EL getrocknete 8-Kräuter-Mischung (Mamsell)
4 EL H-Sahne (Milfina, 200-g-Pckg.)
Salz, schwarzer Pfeffer
1/4 TL Paprika edelsüß
1 Beutel Erdnüsse, pikant gewürzt, ohne Fett geröstet (150 g)

Die Bohnen auf einem Sieb kalt abspülen und abtropfen lassen. Die Zwiebel abziehen und im heißen Öl glasig braten. Die Bohnen, die Zwiebel und die Tomaten mit der Flüssigkeit, 1/8 l Wasser und Brühe zugeben. Aufkochen und zugedeckt bei schwacher Hitze 10 Minuten garen. Mit dem Stabmixer pürieren. Kräuter und Sahne untermischen und bis knapp unter den Siedepunkt erhitzen. Suppe mit Salz, Pfeffer und Paprika abschmecken, auf heißen Tellern verteilen und mit den grob gehackten Nüssen bestreut servieren.

✻ *Tipp*

Die Deutsche Gesellschaft für Ernährung empfiehlt, pro Tag nur etwa 10 Prozent Fett mit gesättigten Fettsäuren zu essen. Das heißt, ein Teelöffel Butter täglich als Streichfett reicht vollkommen, denn Sie müssen auch Fleisch, Wurst und Käse zu den Produkten mit gesättigten Fettsäuren rechnen. Den Löwenanteil der täglichen Fettmenge sollte Olivenöl mit einfach ungesättigten Fettsäuren ausmachen, den Rest holen Sie sich aus mehrfach ungesättigten Fettsäuren, die zum Beispiel in Margarine, Sonnenblumen- und Färberdistelöl enthalten sind.

Fast Food – fettarm

Wir kommen heute nicht mehr ohne die schnellen Häppchen aus. Denn die Zeit drängt uns leider auch so oft beim Essen. Und lediglich am Wochenende können wir entspannen und so richtig aufkochen, schlemmen und genießen. Doch sonst gibt's Schnelles. Damit die Gesundheit dabei nicht zu kurz kommt, hier ein paar Tipps und Rezepte.

✻ *Tipps*

- Tiefkühl-Fast-Food wie Lasagne, Reispfanne oder Schweinefleisch nach Gyros Art immer mit einer großen Schüssel Salat zubereiten. Das Rezept für einen bunten Gemüsesalat finden Sie auf Seite 30, Salatmix aus dem Glas auf Seite 104.
- Hülsenfrüchte wie rote Bohnen, Chilibohnen-, Linsen- und Erbseneintopf sind fettarm und schonend zubereitet. Mit frisch zubereitetem TK-Gemüse gemischt, ergeben sie eine ausgewogene Mahlzeit.
- Sehen Sie sich die Nährwertberechnungen auf den Fast-Food-Packungen an und bereiten Sie das Essen einfach für zwei Leute mehr zu als auf der Packung angegeben. So verringern Sie den Fett- und Kalorienanteil pro Person. Damit auch alle satt werden, gibt es Rohkost vorweg, Salat dazu oder ein leichtes Buttermilchdessert aus der Kühltheke hinterher.
- Suppen aus der Dose werden mit Gemüse (siehe Rezept Seite 103), frisch gekochtem Reis, Kartoffeln oder Nudeln ein Sattmacher-Essen.
- Statt Pellkartoffeln mit Quark: Kochen Sie ein »Fix-Produkt« für Gulasch, Spaghetti Bolognese oder Geflügel in Zwiebel-Sahnesauce ohne Fleisch als Sauce zu den frisch gegarten Pellkartoffeln. Die Sahne können Sie zur Hälfte durch fettarme Milch ersetzen.

Thailand-Suppe mit Gemüse
Zutaten für 4 Portionen:
100 g beliebiges Gemüse (Gartenkrone; TK-Ware)
1 EL Sonnenblumenöl (Bellasan)
etwa 1 TL Klare Brühe (Lachende Köchin)
1 Dose Thai-Suppe (Primana; 400 ml)
1 EL Erdnüsse, pikant gewürzt, ohne Fett geröstet

Gefrorenes Gemüse im Öl anrösten. 1/8 l Wasser und die Brühe zugeben und einmal aufkochen. Thai-Suppe zugeben und erhitzen. Suppe in vorgewärmte Schälchen füllen. Erdnüsse grob hacken und die Suppenportionen damit bestreuen. Dazu: Rip-Chips oder TUC-Cracker.

Linseneintopf mit Spätzle
Zutaten für 4 Portionen:
1/2 Pckg. Pfannengemüse, mexikanisch
(Gartenkrone; TK-Ware, 750 g)
1/2 Pckg. Echt Schwäbische Eierspätzle (Landvogt, 500 g)
1 Dose Linsensuppe mit magerem Schweinefleisch
(Bill Collins, 800 g)
2 EL getrockneter Schnittlauch (Mamsell)

Das Gemüse und die Spätzle in reichlich Salzwasser bissfest garen. Inzwischen den Linseneintopf in einem Topf erhitzen. Schnittlauch untermischen. Gemüse und Spätzle abgießen und abtropfen lassen. Locker mit den Linsen mischen und auf tiefen Tellern verteilen.

Gebackene Bohnen
Zutaten für 4 Portionen:
1 Dose Chilibohnen-Eintopf mit Paprika und Jagdwurst (Bill Collins, 800 g)
1 Dose geschälte Tomaten (Happy Harvest, 400 g)
2 EL getrocknetes Suppengewürz (Lachende Köchin)
1 Beutel Fix für Brokkoli-Gratin (Lachende Köchin)
1 Pckg. Chester-Scheibletten (Alpenmark, 200 g)

Die Chilibohnen mit den grob zerdrückten Tomaten einschließlich der Flüssigkeit und dem Suppengewürz mischen und in eine flache Gratinform geben. Fix für Brokkoligratin in nur 200 ml kaltes Wasser einrühren, aufkochen, etwa 1 Minute kochen lassen und über die Bohnenmischung gießen. Mit den Scheibletten belegen und in den vorgeheizten Ofen schieben. Bei 200 Grad 20 Minuten backen.

Salatmix aus dem Glas
Zutaten für 4 Portionen:
1 Kopf Eisbergsalat
1 Glas Maiskölbchen (Gartenkrone, Abtropfgewicht 190 g)
1 Dose Rote Kidney-Bohnen (Bill Collins, 400 g)
1–2 EL gemischte, getrocknete Salatkräuter (Mamsell)
1/4 Flasche Joghurt-Dressing (Aue Hof, 250 g)
Salz, schwarzer Pfeffer

Den Eisbergsalat putzen, in Streifen schneiden, waschen und trocken schleudern. Mit den abgetropften Maiskölbchen, den abgetropften und kalt abgespülten Bohnen, den Kräutern und dem Dressing mischen. Eventuell noch mit Salz und Pfeffer würzen.

Die Sache mit dem Cholesterin
Man muss zwei Arten von Cholesterin unterscheiden. HDL-Cholesterin wird vom Körper gebildet und gilt als das »gute« Cholesterin. Das »böse« LDL-Cholesterin« nehmen wir mit der Nahrung auf: Fleisch, Butter, Schweineschmalz, Eier, fetter Käse, Sahne, Wurst und Meeresfrüchte enthalten reichlich davon. LDL wird nicht gleich gezielt verbraucht, sondern wandert mit dem Blutstrom durch den Körper. Das machen sich die Zellen zunutze, die Cholesterin zum Beispiel für die Bildung von Hormonen, bestimmten Vitaminen und für die Verdauung brauchen: Sie stellen die Eigenproduktion von HDL-Cholesterin ein und holen sich statt dessen das Cholesterin von »draußen«. Doch sobald ihr Bedarf gedeckt ist, »machen sie dicht« – selbst wenn noch LDL-Cholesterin im Blutstrom mitschwimmt. Dieses ungenutzte LDL-Cholesterin nistet sich in den Wänden der Adern ein und kann Herz-Kreislauf-Erkrankungen verursachen.
Bei manchen Menschen spielt allerdings nicht die Ernährung, sondern die Erbanlage eine Rolle: Die Zellen können das Nahrungs-Cholesterin nicht orten und produzieren trotz des hohen Angebots von »draußen« eigenes HDL-Cholesterin.

Ein Tag ohne Cholesterin

Sehen Sie sich die folgenden Rezepte an und probieren Sie die Gerichte – kochen und essen ohne Cholesterin ist ganz einfach. Sie müssen nicht hungern, dürfen wie gewohnt würzen und kriegen deshalb auch keine fade Gesundheitskost.

Zum Frühstück gibt es

Pfirsich mit Preiselbeeren und Joghurt

Pro Person 1 Pfirsichhälfte aus der Dose auf einen Portionsteller legen und mit 1 Esslöffel Wildpreiselbeeren aus dem Glas überziehen. 1/2 Becher fettarmen Joghurt (250 g) mit einem Schneebesen schaumig schlagen und über den Pfirsich gießen. Mit Cornflakes oder Bio-Müsli bestreuen.

Als Hauptgericht

Kartoffeln mit Porreesauce

Zutaten für 4 Portionen:
1,2 kg kleine Kartoffeln
3 Porreestangen
3 Tomaten
1 Knoblauchzehe
1 EL Olivenöl (Lorena)
1 Beutel Zwiebelsuppe (Lachende Köchin, 3 Teller)
1 TL grüne Pfefferkörner (gefriergetrocknet oder eingelegt
2 TL Zitronensaft (Citrovin oder frisch gepresst)
Salz

Die Kartoffeln waschen und in wenig Wasser mit der Schale weich kochen. Die Porreestangen putzen, waschen und in dünne Ringe schneiden. Die Tomaten abziehen und würfeln. Den Knoblauch abziehen und fein zerkleinern. Das Öl erhitzen. Porree und Knoblauch darin unter Rühren bei mittlerer Hitze anbraten. Die Zwiebelsuppe und die nach Packungsaufschrift abgemessene Wassermenge unterrühren. Alles unter Rühren aufkochen und zugedeckt bei schwacher Hitze etwa 5 Minuten kochen lassen. Tomaten und zerdrückte Pfefferkörner untermischen. Mit Zitronensaft und Salz abschmecken. Kartoffeln abgießen, ausdämpfen lassen und mit etwas Sauce auf heißen Tellern anrichten. Die restliche Sauce dazu servieren. Außerdem schmeckt grüner Salat dazu.

Mal etwas anderes

Alternativ für alle, die gerne Neues ausprobieren, eine Spezialität aus Baden: Zwetschgenkuchen, den man frisch aus dem Ofen und nur gerade eben abgekühlt zu einem Teller Kartoffelsuppe isst. Was an Kuchen vom Mittagessen übrig bleibt, gibt es nachmittags zum Kaffee.

Zwetschgenkuchen und Kartoffelsuppe

Zutaten für 20 Stücke:
1/2 Pckg. Backmischung für Weißbrot
(Mühlengold, 2 Brote je 750 g)
Margarine für das Blech
1,5 kg Zwetschgen
2 EL Bio-Reform Margarine mit Joghurtkulturen
(Bellasan, 500-g-Pckg.)
150 g Zucker
1 TL Zimtpulver
2 Beutel Kartoffelcremesuppe (Lachende Köchin, 3 Teller)
4 EL Champignonscheiben
(Gartenkrone; TK-Ware, 750-g-Pckg.)
Salz, schwarzer Pfeffer

Die Backmischung nach Packungsaufschrift zubereiten und gehen lassen. Den Teig dann auf einem gefetteten Backblech ausrollen. Die Zwetschgen waschen, trocken tupfen, halbieren und entsteinen. Die Hälften schuppenförmig auf den Kuchen legen. Mit flüssiger Margarine bestreichen und mit etwa 1/3 der Zuckermenge bestreuen. Den Kuchen in den vorgeheizten Backofen schieben und bei 200 Grad etwa 35 Minuten backen. Den restlichen Zucker mit dem Zimt mischen und den Kuchen unmittelbar nach dem Backen damit bestreuen. Während der Kuchen abkühlt, die Suppe nach Packungsaufschrift zubereiten. Die Pilze darin kurz garen. Suppe mit Salz und Pfeffer abschmecken.

Als kleines Abendessen, das auch Kinder mögen

Reis mit gebratenen Bananen

Zutaten für 4 Portionen:

1 Zwiebel
3 EL Olivenöl (Lorena)
1/2 Pckg. Parboiled USA-Reis (500 g)
2 EL getrocknetes Suppengewürz (Lachende Köchin)
Salz, schwarzer Pfeffer
1/4 TL Paprika edelsüß
1/2 Beutel gehobelte Mandeln (Sweet Valley, 100 g)
1/4 Beutel Sultaninen (Sweet Valley, 200 g)
4 feste Bananen
1 Orange
1–2 TL Spezialitäten Honig
1 Becher fettarmer Joghurt (250 g)
1 EL getrockneter Schnittlauch (Mamsell)

Die Zwiebel abziehen, fein würfeln und in einem Esslöffel Öl glasig braten. Reis und Suppengewürz untermischen und einige Male umrühren. 1/2 l Wasser zugießen, Reis mit Salz, Pfeffer und Paprika würzen, aufkochen und zugedeckt bei schwacher Hitze in etwa 20 Minuten körnig weich garen. Inzwischen die Mandeln ohne Fettzugabe bei kleiner Hitze goldgelb rösten und mit den Rosinen unter den Reis mischen. Geschälte Bananen im restlichen Öl bei schwacher bis mittlerer Hitze etwa fünf Minuten braten, bis sie weich sind. Den ausgepressten Orangensaft und den Honig ins Bratöl geben und die Bananen darin wenden. Den Reis auf heißen Tellern verteilen, Bananen daneben anrichten. Joghurt mit einem Schneebesen schaumig schlagen, mit dem Schnittlauch mischen, mit Salz und Pfeffer würzen und als Sauce zu Reis und Bananen servieren.

Welches Fett wofür

- *Butter* nimmt man als Brotaufstrich, zum Backen und zum Dünsten. Bei hohen Brat- und Frittier-Temperaturen verbrennen die Eiweißbestandteile.
- *Butterschmalz* ist das reine Butterfett ohne Wasser, Milcheiweiß und Milchzucker. Deshalb kann man es für alle Garmethoden verwenden – auch zum Frittieren. Allerdings ist Butterschmalz genau wie Butter sehr reich an Cholesterin.
- *Pflanzenmargarine* besteht aus rein pflanzlichen Ölen und Fetten und enthält kein Cholesterin. Mit Margarine kann man backen und dünsten. Halbfettmargarine können Sie nur als Brotaufstrich verwenden: Sie enthält viel Wasser, um den Fett- und damit auch Kaloriengehalt zu verringern.
- *Geschmacksneutrales Speiseöl* kann entweder aus einer einzigen Ölsaat oder aus einer Mischung verschiedener Ölpflanzen bestehen; Angaben dazu stehen auf dem Etikett. Das Öl können Sie für alle Garmethoden verwenden.
- *Natives Öl* ist naturbelassen: Im Naturkosthandel werden nur mechanisch gepresste, nicht raffinierte – also chemisch bearbeitete – Öle so bezeichnet. Auf dem Etikett ist die Ölpflanze ausgewiesen – Olivenöl besteht nur aus Oliven, Distelöl nur aus den Samen der Saflorpflanze, Weizenkeimöl nur aus Weizenkeimen. Verwenden Sie solche Öle für kalte Gerichte und zum Dünsten bei schwacher Temperatur. Nur Olivenöl können Sie aufgrund seiner speziellen Fettsäuren auch zum Braten oder Schmoren bei Temperaturen bis zu 180 °C verwenden, ohne dass sich gesundheitsschädliche Stoffe bilden.

Fett	Verwendung
Butter	kalte Küche, Backen, Dünsten
Butterschmalz	alle Garmethoden
Pflanzenmargarine	Backen, Dünsten
Halbfettmargarine	kalte Küche
Pflanzenfett	Braten, Schmoren, Frittieren
Färberdistelöl	alle Garmethoden
natives Öl	kalte Küche, Dünsten
natives Olivenöl	kalte Küche, Braten, Schmoren

Fettarm Garen

Besonders schonend ist Dünsten, weil diese Zubereitungsart Vitamine und Mineralstoffe weitgehend erhält – vor allem, wenn Sie Gemüse ohne zusätzliche Flüssigkeit »im eigenen Saft« dünsten. Nehmen Sie deshalb so wenig Flüssigkeit wie möglich: Der Topfboden soll mit Wasser oder Brühe nur gerade eben bedeckt sein. Die Flüssigkeit nun aufkochen, das geputzte, gewaschene und zerkleinerte Gemüse darin zugedeckt auf der höchsten Schaltstufe zum Kochen bringen. Je schneller es kocht, desto geringer ist der Vitaminverlust. Sobald sich am Rand des Topfes eine leichte Dampffahne zeigt, schalten Sie die Temperatur zurück und garen bei schwacher bis mittlerer Hitze fertig. Halten Sie den Kochtopf am besten während der gesamten Garzeit fest geschlossen: Bestimmte Vitamine gehen nämlich auch mit dem Dampf aus dem Topf verloren – je weniger entweicht, desto besser. Zum Abschmecken mischen Sie unmittelbar vor dem Servieren den gewohnten Stich Butter, einen Schuss Sahne, einen Löffel Öl oder Schmant unter.

✻ *Tipp*

In hochwertigen Töpfen brauchen Sie gar keine zusätzliche Flüssigkeit: Das gewaschene und zerkleinerte Gemüse tropfnass in den Topf geben und zugedeckt auf stärkster Kochstufe erhitzen. Bei schwacher Temperatur fertig garen.

Braten mit wenig Fett

In modernen Pfannen mit Antihaftbeschichtung brauchen Sie für Bratkartoffeln, Gemüse, vegetarische Frikadellen und Hackfleischbuletten, Fischfilets und kurzgebratenes Fleisch nur einen Tropfen Öl. Grundsätzlich gilt: Fleisch, Fisch, Geflügel und geschälte Kartoffeln müssen zum Braten trocken sein. Dann bildet sich rasch eine Kruste und die Produkte werden knusprig, aber nicht fettig. Deshalb tupft man sie mit Küchenpapier ab. Die Pfanne wird ohne Fett erhitzt. Sie ist heiß genug, wenn ein paar Spritzer Wasser darin zischend verdampfen. Nun Öl oder ALDI-Pflanzenfett zum Braten zugeben und heiß werden lassen. Öl bildet dabei kleine Wellen, festes Fett oder Butterschmalz winzige Bläschen. Die vorbereiten Lebensmittel ins Fett legen. Auch dabei muss es zischen – dann stimmt die Hitze. Und nun beim Elektroherd die Temperatur gleich zurückschalten: Fleisch und Geflügel brät man nach dem Wenden bei mittlerer Hitze fertig, Fisch bei schwacher. Eier vertragen von Beginn an nur schwache Hitze. Bratkartoffeln und Gemüsescheiben, Getreidefrikadellen, Eierkuchen und Kartoffelpuffer gelingen bei mittlerer bis schwacher Hitze am besten. Beim Gasherd lässt sich die Hitze sofort regulieren, denn sobald Sie die Flamme kleiner schalten, verringert sich die Temperatur.

✻ *Tipp*

Was am Pfannenboden klebt, ist an der Unterseite noch nicht gar. Also nicht mit dem Bratenwender loskratzen, sondern warten, bis es sich gut ablösen lässt.

Den Wok nutzen

In der chinesischen Küche ist das Kurzbraten im Wok seit Jahrhunderten üblich, weil Aroma, Nährstoffe und »Biss« der Lebensmittel besonders gut erhalten bleiben. Außerdem kostet schnelles Braten weniger Energie als langes Schmoren. Zum Kurzbraten (Sautieren) werden die Lebensmittel so gleichmäßig wie möglich zerkleinert, damit sie auch gleichmäßig garen. Noch leicht angefroren, lassen sich TK-Fleisch- und Fischstücke übrigens besser aufschneiden. Den Wok erhitzen, Öl zugeben und ebenfalls erhitzen. Nun die Lebensmittel darin unter ständigem Rühren bei großer bis mittlerer Hitze braten – Fleisch und Geflügel, bis es durchgegart und appetitlich braun ist, Gemüse, bis es gerade eben weich, gegarten Reis und Nudeln, bis sie heiß und leicht gebräunt sind. Selbstverständlich können Sie anstelle des Woks auch eine Pfanne benutzen – nur ausreichend groß muss sie sein.

✻ *Wok-Tipps*

- Ein Wok mit Antihaftbeschichtung eignet sich zum fettarmen Garen besonders gut. Darin gelingen Gemüse, Fleisch, Geflügel, Fisch, gebratener Reis und knusprige Nudeln. Sie brauchen nur wenig Fett und trotzdem klebt nichts an.
- Alle Zutaten müssen klein geschnitten sein: Gemüse mit festen Fruchtfleisch wie zum Beispiel Möhren oder Kohlrabi schmeckt in Stiften am besten. Porree und Lauchzwiebeln teilen Sie in Ringe. Fleisch und Geflügel wird »geschnetzelt«: zuerst quer zu den Fleischfasern in Scheiben, dann in etwa fingerbreite Streifen schneiden. Nach dem Schneiden werden die Zutaten noch mal mit Küchenpapier trockengetupft, damit das Fett beim Garen nicht zu stark spritzt.
- Erst den Wok erhitzen, dann das Fett darin heiß werden lassen und die Zutaten beifügen.
- Alles unter ständigem Rühren bei mittlerer bis starker Hitze garen – das dauert nur wenige Minuten.

Grillen

Diese Garmethode ist so fettarm wie Garen im Wok – Aroma und Nährstoffe bleiben erhalten, man braucht kaum oder gar kein zusätzliches Fett. Allerdings braucht man entsprechende Geräte: Außer der üblichen Grillvorrichtung im Backofen oder in der Mikrowelle gibt es auch noch separate Miniöfen und diverse Tischgrills. Den preiswerten »heißen Stein« oder eine japanische Grillplatte können Sie nur im Freien verwenden, drinnen brauchen Sie ein verschließbares Grillgerät.
Zur Vorbereitung die Lebensmittel gut trocken tupfen und in Scheiben oder kleine Stücke schneiden. Fisch, Gemüse und Kartoffeln müssen Sie mit etwas Färberdistel- oder Olivenöl einpinseln; diese Lebensmittel werden beim Grillen sonst zu trocknen. Bei Fleisch und Geflügel mit seinem natürlichen Fettgehalt ist das nicht nötig. Den Grill gut vorheizen und die Lebensmittel wie beim Braten auf der Unterseite so lange garen, bis sie eine Kruste haben und sich leicht vom Grillrost ablösen lassen.

✻ *Tipp*

Gegrilltes schmeckt ohne viel Würze, weil das Aroma der einzelnen Produkte erhalten bleibt. Sie sollten immer erst bei Tisch würzen. Stellen Sie also Salz- und Pfeffermühle, ein Fläschchen mit scharfem Öl, ein Schälchen mit frisch zerkleinerten Kräutern bereit. Für eine rasch gemixte Grillsauce, die zu Fleisch, Geflügel, Fisch, Gemüse und Kartoffeln gleich gut passt: je 1 Becher Schmant und Magerjoghurt mit einigen Löffeln Thousand-Island-Dressing, gewürfelten Tomaten und Cornichons, gemischten Kräutern, Salz und Pfeffer verrühren.

4. Kapitel

Vegetarisch genießen

Was ist vegetarisch?

Zum Beispiel Brokkoligratin mit bunt gemischtem Salat oder Buttergemüse mit feiner Kräutersauce zu schwäbischen Eierspätzle. Vegetarisch ist Spargelgemüse mit sahniger Kräutersauce und neuen Kartoffeln oder knuspriger Blätterteig, belegt mit Champignons, Kräutern und würziger Käsecreme. Vegetarisch sind auch aufgebackene Ciabattabrötchen mit Frischkäse und knackigen Radieschen. All das gibt es bei ALDI und noch ein bisschen mehr: Spaghetti mit vier Käsesorten, Kartoffelcremesuppe und vegetarische Aufstriche zu selbst gebackenem Zwiebelbrot. Semmelklöße zu Mischpilzen in Sahnesauce oder Bandnudeln mit fruchtigem Tomaten-Kräuter-Gemüse. Sie brauchen nur zu wählen und können mit ein paar Handgriffen, ein paar Ideen ein köstliches fleischloses Menü auf den Tisch bringen.

Vorab etwas Wissenschaft

Vegetarische Ernährung heißt essen ohne Fleisch, Fisch, Wurst und Schinken – grob gesprochen. Man unterscheidet drei Formen:

Ovo-Lakto-Vegetarier essen außer pflanzlichen Lebensmitteln auch Produkte von lebenden Tieren, also Eier, Milch und Milchprodukte wie zum Beispiel Käse, Quark, Joghurt, Sahne und Crème fraîche. Es ist also eine Ernährung, die Pflanzen und tierische Lebensmittel sehr ausgewogen mischt, die viele von uns ohnehin häufig praktizieren, weil sie einfach zu unserem modernen fitnessbewussten Leben gehört. Die ovo-lakto-vegetarische Ernährung bringt für die Gesundheit nur Vorteile. Wissenschaftliche Studien haben gezeigt, dass Vegetarier, die Milchprodukte und maximal drei Eier pro Woche essen, kaum

Probleme mit Körpergewicht, Verdauung, Blutdruck und Cholesterin kennen.
Als Beispiel hier ein Rezept für eine leichte Quiche der ovo-lakto-vegetarischen Kost. Servieren Sie einen bunt gemischten Salat dazu.

Quiche mit Gemüse

Zutaten für 10 Portionen:
Teig:
250 g Mehl
Salz
1 frisches Ei aus Freilandhaltung (Gewichtsklasse M)
125 g Butter oder Sonnenblumenmargarine
(Bellasan, 500 g)
Belag:
1 große Zwiebel
1 Knoblauchzehe
1 EL Färberdistelöl, geschmacksneutral
1/2 Pckg. Pfannengemüse, Feinschmecker Art
(TK-Ware, 750 g)
150 g Champignonscheiben
(Gartenkrone; TK-Ware, 750-g-Pckg.)
2 EL getrocknete Petersilie (Mamsell)
Salz, schwarzer Pfeffer
1/4 TL Paprika edelsüß
1 EL Zitronensaft (Citrovin oder frisch gepresst)
150 g Österreichischer Bergkäse (45 % Fett i.Tr.)
1/2 Pckg. H-Sahne (Milfina, 200 g)
geriebene Muskatnuss

Für den Teig Mehl, Salz, 2 Esslöffel Wasser, das Ei und weiches Fett in einer Schüssel mit den Knethaken des Handrührgerätes vermischen, bis die Masse krümelig ist. Auf der Arbeitsfläche

mit den Händen rasch zu einem glatten Teig zusammenkneten. Wenn der Teig zu trocken ist, teelöffelweise kaltes Wasser unterkneten. Eine Springform von 26 Zentimeter Durchmesser mit dem Teig auskleiden, dabei einen etwa 4 Zentimeter hohen Rand formen. Den Teigboden mit einer Gabel mehrmals einstechen und 30 Minuten kühlen.
Inzwischen die Zwiebel und den Knoblauch abziehen, fein zerkleinern und im heißen Öl bei schwacher bis mittlerer Hitze glasig braten. Gemüse, Champignons und Petersilie zugeben und bei starker Hitze unter Rühren etwa 3 Minuten schmoren, bis die Flüssigkeit, die sich bildet, wieder verdampft ist. Alles mit Salz, Pfeffer, Paprika und Zitronensaft würzen und etwas abkühlen lassen. Den Teigboden in den vorgeheizten Backofen stellen und bei 200 Grad 10 Minuten vorbacken. Inzwischen den Käse raspeln, die Sahne mit einer kräftigen Prise Muskatnuss verrühren. Die Gemüsemischung auf dem Teigboden verteilen, mit der Sahne begießen, mit dem Käse bestreuen. Quiche noch etwa 30 Minuten backen, bis der Belag schön gebräunt und fest, aber noch saftig ist.

Lakto-Vegetarier ergänzen die Pflanzenkost durch Milch und Milchprodukte, verzichten jedoch auf Eier. Diese Ernährung eignet sich ausschließlich für gesunde Erwachsene. Wer einen erhöhten Bedarf an bestimmten Vitaminen oder Mineralstoffen hat, wer zeitweise mehr Eiweiß und Fett braucht, sollte nicht gänzlich auf Eier und Eierspeisen verzichten. Das gilt zum Beispiel für Kinder und Jugendliche. Auch Senioren sollten immer wieder Eier und mageres Fleisch essen, weil eine rein vegetarische Kost auf Dauer womöglich zu wenig Eiweiß, Vitamin B6 und Eisen enthält. Für kranke Menschen gibt es ohnehin eigene Speisepläne und Schwangere und stillende Frauen müssen ihren um etwa 1/3 erhöhten Bedarf an Vitamin B12 beachten, das in Kalbsleber, Rindfleisch, Fisch und Eiern reichlich vorkommt.

Das folgende Rezept ist Beispiel für die lakto-vegetarische Ernährung:

Gemüsekuchen
Zutaten für 8 Stücke:
250 g Mehl
Salz
125 g weiche Butter oder Sonnenblumenmargarine (Bellasan, 500-g-Pckg.)
400 g Kartoffeln (mehlige Sorte)
1 Kohlrabi
2 mittelgroße Tomaten
1/2 Pckg. H-Sahne (Milfina, 200 g)
schwarzer Pfeffer
1/4 TL Paprika edelsüß
1 TL getrocknete 8-Kräuter-Mischung (Mamsell)

Mehl, Salz, weiches Fett und zunächst 3 Esslöffel kaltes Wasser zu einem glatten Teig verkneten. Falls der Teig zu trocken ist und bröckelt, tropfenweise noch Wasser unterkneten. Eine gefettete Springform mit dem Teig auslegen und rundherum einen 3 Zentimeter hohen Rand formen. Den Teigboden mit einer Gabel mehrmals einstechen und 1 Stunde kühlen. Die Kartoffeln waschen und mit der Schale in etwa 20 Minuten nicht ganz weich kochen. Etwas abkühlen lassen, schälen, fein raspeln und auf einer Platte ausbreiten, damit sie ganz abkühlen. Den Kohlrabi waschen, schälen und grob raspeln. Die Tomaten überbrühen, abziehen und würfeln. Kartoffeln, Kohlrabi, Tomaten und Sahne mischen. Mit einer kräftigen Prise Salz, Pfeffer, Paprika und Kräutern würzen und auf dem Teigboden verteilen. Den Kuchen in den vorgeheizten Backofen stellen und bei 200 Grad etwa 1 Stunde backen. Lauwarm servieren.

✻ *Tipps*

- Die Kartoffeln sollen nicht ganz weich sein, damit sie sich gut raspeln lassen und dabei nicht matschig werden.
- Zum Überbacken den Kuchen mit Holländer Scheibletten belegen.

Veganer essen überhaupt keine Lebensmittel, die von Tieren stammen – also weder Milch noch Eier, noch Honig –, sondern nur pflanzliche Produkte. So können Sie ohne weiteres hin und wieder essen – es gibt sogar richtige Feinschmecker-Gerichte, die man zur Vegan-Ernährung rechnen kann (siehe folgendes Rezept). Doch für täglich und auf Dauer eignet sich vegane Ernährung nur für Menschen, die ausgezeichnet über Ernährung Bescheid wissen. Sie müssen die Wechselwirkungen von Lebensmitteln kennen und sehr viel Zeit auf einen ausgewogenen Speiseplan verwenden. Für Einsteiger oder Menschen, die häufig vegetarisch essen, aber keinen Kurs in Sachen Ernährungswissenschaft absolvieren wollen, kommt regelmäßiges Vegan-Essen nicht in Frage; wegen möglicher Mangelerscheinungen gilt es für Laien auf Dauer sogar als gefährlich.

Ein Feinschmecker-Vegan-Rezept sieht so aus:

Spaghetti mit Zucchini und Pilzen

Zutaten für 4 Portionen:

3 mittelgroße Zucchini
1 Zwiebel
4 Knoblauchzehen
6 EL Olivenöl (Lorena)
1/2 Pckg. Champignonscheiben
(Gartenkrone; TK-Ware, 750 g)
1 EL getrocknete 8-Kräuter-Mischung (Mamsell)
1 Pckg. Spaghetti (Alino, 500 g)
Salz, schwarzer Pfeffer

Die Zucchini waschen und putzen. Die Zwiebel und den Knoblauch abziehen. Alle diese Zutaten in feine Scheiben schneiden. 4 Esslöffel Öl in einer großen Pfanne erhitzen. Zucchini, Zwiebeln und Knoblauch darin bei mittlerer Hitze unter ständigem Rühren etwa 4 Minuten braten, bis alles leicht gebräunt ist. In einer großen Schüssel warm halten. Das restliche Öl in die Pfanne geben und die Pilze mit den Kräutern darin etwa 2 Minuten kräftig rösten. Mit dem Gemüse in der Schüssel mischen. Die Spaghetti in reichlich Salzwasser bissfest garen und gut abgetropft mit dem Gemüse mischen. Mit Salz und Pfeffer abschmecken und sofort servieren.

Kinder nicht rein vegetarisch ernähren

Viele alternative Ernährungsformen können ein Risiko für Fehlernährungen bei Kindern und Jugendlichen sein. Experten warnen deshalb eindringlich vor der streng vegetarischen Kost, die nicht nur Fleisch und Fisch, sondern auch Milch, Milchprodukte und Eier vom Speisezettel streicht. Bei dieser veganen Ernährung kommt es gewöhnlich zu schwerwiegenden Nährstoffmängeln bei Säuglingen und Kleinkindern: Fehlen Vitamin B12, Kalzium und Vitamin D, führt das häufig zu dauerhaften geistigen und körperlichen Schäden. Stark gefährdet sind zudem Säuglinge, deren Mütter seit einigen Jahren vegan leben und bei denen vorangegangene Schwangerschaften und Stillzeiten die eigenen Reservespeicher an den entsprechenden Vitaminen und Mineralstoffen aufgebraucht haben.

Auch Jugendliche in der Wachstumsphase sind von kalziumarmer Ernährung noch betroffen: vor allem Mädchen brauchen besonders viel von diesem Mineralstoff, damit sich die Knochensubstanz kräftigt und es im späteren Leben nicht zu Problemen kommt.

Eine abwechslungsreich gestaltete sogenannte ovo-lacto-

vegetarische Ernährung aber, die genügend Milch und Milchprodukte wie Joghurt und Käse sowie ab und zu Eier mit einschließt, mögen Kinder meist sehr gerne; sie ist auch gut für ihre Gesundheit. Auf Fleisch und Fisch darf allerdings nicht ganz verzichtet werden. Denn dann könnte es zu einer Unterversorgung mit blutbildendem Eisen kommen, das aus pflanzlicher Nahrung allein schlechter resorbiert wird als aus Fleisch oder gemischter Kost.
Immer brauchen Kinder Frisches: Obst und Salat, Frischkornmüsli und Rohkost, frisch gepresste Fruchtsäfte und Quarkmischungen. Das liefert Vitamin C, reichlich Ballaststoffe und Milchsäurebakterien für einen gesunden Darm.

Kinder-Rezept
Knusprige Spätzle mit Gemüse aus dem Ofen
Für 4–6 Portionen:
2 Pckgn. Buttergemüse (Gartenkrone; TK-Ware, 300 g)
2 kleine Kartoffeln (festkochende Sorte)
1 Pckg. Echt Schwäbische Eierspätzle (Landvogt, 500 g)
Salz, schwarzer Pfeffer
2 frische Eier aus Freilandhaltung (Gewichtsklasse M)
1/4 l Milch (Milfina, 3,5 %)
1/2 Pckg. H-Sahne (Milfina, 200 g)
2 Pckgn. Chester-Scheibletten (Alpenmark, 200 g)

Das Buttergemüse nach Packungsaufschrift zubereiten. Die Kartoffeln schälen, waschen und sehr klein würfeln. In einem großen Topf mit den Spätzle in reichlich Salzwasser 5 Minuten sprudelnd kochen. Abgießen, kurz abtropfen lassen und mit dem Buttergemüse mischen. Mit Salz und Pfeffer würzen und in eine große flache Gratinform oder die Fettpfanne des Backofens geben. Die Eier mit Milch und Sahne verquirlen und darüber gießen. Die Scheibletten darauf legen. Die Spätzle in den vorgeheizten Backofen schieben und bei 180 Grad etwa 40 Minuten backen. Dabei eventuell mit Alufolie abdecken, damit die Oberfläche nicht zu rasch bräunt.

Vegetarische Ernährung mit Milchprodukten, Käse und Eiern

- sichert Ihnen alle Nährstoffe, weil Sie viele verschiedene Lebensmittel bekommen;
- sorgt für Fitness, weil Kohlenhydrate an erster Stelle im täglichen Speiseplan stehen;
- hält Ihr Immunsystem intakt, weil Sie jeden Tag genügend Gemüse, Obst, Kräuter und Salat bekommen;
- entlastet den Stoffwechsel, weil Eiweiß und Fett bewusst in Maßen gegessen werden.

Vegetarier in aller Welt

Die vegetarische Ernährung ist sehr alt und sehr weit verbreitet: In Asien verbieten Hindu-Religion und Buddhismus das Töten von Tieren. Der Gläubige darf das Tier wissentlich auch nicht von einem anderen schlachten lassen, um es zu essen. Er darf allerdings Fleisch von Tieren essen, die ganz unabhängig von ihm geschlachtet worden sind.

Im europäischen Kulturkreis hat vermutlich der Grieche Pythagoras 6. Jh. v. Chr. als erster die vegetarische Ernährung empfohlen. Die moderne vegetarische Bewegung begann vor etwa 150 Jahren in Amerika und England. Sie war damals schon, was wir heute »ganzheitlich« nennen: Den Vegetariern ging es nicht nur ums Essen, sondern um eine vernünftige, gesunde Lebensweise im Einklang mit der Natur.

Übrigens lebten früher die meisten Menschen vegetarisch – allerdings ganz unfreiwillig: Fleisch stand früher nie in großen Mengen zur Verfügung – nirgendwo auf der Erde. Denn Tiere zu schlachten war Jahrhunderte lang einfach unwirtschaftlich: Schafe liefern Wolle, Ochsen ziehen den Pflug, Kühe geben Milch, Pferde dienen dem Menschen als Zug- und Reittiere. Alle Tiere produzieren Dünger für die Pflanzen auf dem Feld und im Hausgarten, manche fressen Schädlinge, andere waren Statussymbole. Deshalb ließ man sie leben. Das Fleisch von Spanferkel, Kalb und junger Ziege taucht in alten Kochbüchern nur auf, wenn diese Bücher für die Oberschicht bestimmt waren. Den Luxus, ein junges Tier zu essen, konnte sich eben nur der Reiche leisten.

Der Westen hat erst genug Fleisch, seit man Tiere mästet: Wir sperren sie auf engstem Raum zusammen, geben ihnen Futter, das sie freiwillig nie anrühren würden, und lassen sie nur von der Kette, um sie zum Schlachthof zu transportieren. Dass sich diese inhumanen Mastmethoden rächen, erfahren wir immer wieder durch diverse Skandale – BSE, Maul- und Klauenseuche, Arzneimittelrückstände, Salmonellen und Umweltgifte in Fleisch, Geflügel, Eiern und Fisch sind nur die jüngsten Beispiele.

Weshalb immer wieder auf Fleisch verzichten?

Weil man einfach gesünder lebt. Viele wissenschaftliche Studien haben das bewiesen: Menschen, die nur ganz wenig oder gar kein Fleisch essen, leiden seltener an Herz- und Kreislauferkrankungen. Die Blutfettwerte sind deutlich niedriger, denn bei vegetarischer Ernährung bekommt man weniger tierisches Fett, dafür aber mehr Pflanzenöle mit günstiger Fettsäurenzusammensetzung. Gicht ist bei Vegetariern so gut wie unbekannt, weil die Purine aus Fleisch fehlen und Purine in pflanzlichen Lebensmitteln wie etwa Hülsenfrüchten kaum eine Rolle spielen. Krebserkrankungen des Verdauungstraktes treten seltener auf, denn fettarme, aber ballaststoff- und vitaminreiche

Kost scheint vorbeugend – wohlgemerkt: nicht heilend! – zu wirken.
Der zweite Grund: Wer wenig Fleisch isst, braucht sich also keine Gedanken mehr zu machen, ob er die vielen Ratschläge von Experten auch befolgt; er tut es ganz automatisch, ganz einfach und – täglich: Mit vegetarischer Kost bekommen Sie weniger, doch sehr gesundes Fett. Die Lust auf Süßes wird zum großen Teil mit Obst und Müsli gestillt. Die Verdauung funktioniert, weil man mit Vollkornbrot und Kartoffeln, Rohkost und Vollkornnudeln, Reis und Hülsenfrüchten genügend Ballaststoffe bekommt. Bluthochdruck ist kein Problem, weil salzhaltige Lebensmittel wie Schinken, Wurstwaren oder Räucherfisch auf dem Speisezettel fehlen. Um den Cholesterinspiegel muss man sich nicht kümmern, weil pflanzliche Lebensmittel wie zum Beispiel Obst und Gemüse, Olivenöl, Hafer und Knoblauch das »gute« Cholesterin heben und das »schlechte« senken.
Der Dritte Grund: Kalorienzählen entfällt, weil fleischlos essen ohnehin schlank hält und auf Dauer auch schlank macht. Denn Vegetarier essen mehr Lebensmittel, die zwar viel Volumen, aber wenige Kalorien haben: Gemüse und Salat, Obst und Kartoffeln, Hülsenfrüchte und Vollkornbrot. Dadurch kommen sie auf durchschnittlich 1000 Kalorien weniger pro Tag – gemessen an der Durchschnittsbevölkerung. Vegetarische Ernährung ist also der beste und einfachste Weg zur schlanken Linie. Dann schadet auch die kleine Portion Fleisch ein- oder zweimal die Woche nicht.
Der vierte Grund: Weniger Fleisch essen, nützt der Umwelt. Massentierhaltung produziert nicht nur ab und zu einen Skandal, sondern ganz regelmäßig eine Menge Mist. Biogas heizt die Atmosphäre auf. Die viele Gülle verdirbt die Böden. Nitrat gelangt ins Trinkwasser. Probleme, die wir weit weg glaubten, sind inzwischen auch bei und gelandet: die Zerstörung der Regenwälder für noch mehr Weideflächen schadet dem Klima. Seit wir beim Energieproblem nicht mehr speziell an den stei-

genden Benzinpreis, sondern ganz allgemein an unnötige Verschwendung denken, fragen wir uns, ob es wirklich sinnvoll ist, für die Erzeugung von einem Kilo Fleisch durchschnittlich sieben Kilo Pflanzen zu vergeuden.
All das sind schon Gründe, öfter fleischlos zu essen. Weniger oder gar kein Fleisch mehr auf dem Teller ist gewiss nicht die Lösung unserer vielfältigen Probleme. Aber es kann manches verbessern. Und: wenn wir begreifen, dass Tiere keine beliebig verfügbaren Produkte, sondern empfindsame Lebewesen sind, können wir mit der gesamten Natur etwas behutsamer umgehen. Denn auch sie ist ja ein lebendiger Organismus.

Der Anfang sollte leicht sein

Nichts übertreiben, auch wenn Sie so richtig Lust haben, den Speisezettel für sich und Ihre Familie mal ganz anders zu gestalten. Erstens werden Sie eingeschworene Fleischesser nicht sofort von den Vorzügen der vegetarischen Kost überzeugen können. Servieren Sie Fleisch und Fisch in Mini-Portionen, vergrößern Sie allmählich die Mengen der »Beilagen« Gemüse, Kartoffeln, Nudeln. Zweitens sollte man Neues behutsam angehen: Eine radikale Umstellung der Ernährung bewirkt höchstens Verdauungsprobleme und nimmt Ihnen womöglich die Freude am neuen Essen. Der Körper muss sich auf mehr pflanzliche Lebensmittel einstellen, muss andere Verdauungssäfte aktivieren als für fleischreiche und ballaststoffarme Ernährung.
Am besten fangen Sie Schritt für Schritt an, indem Sie:

- zum Frühstück Müsli essen – bei ALDI finden Sie eine große Auswahl davon, auch urgesunde Bio-Müslis (siehe Seite 10).
- essen Sie sich an Kartoffeln, Reis, Nudeln, Gemüse und Salat satt, nehmen Sie Fleisch als feine Beilage – wie Sie es von vielen China- und Thai-Restaurants kennen. Dafür eignen sich die portionierbaren ALDI-TK-Packungen an Gemüse und Fleisch sehr gut.

- Probieren Sie die verschiedenen Sorten von Vollkornbrot – Sie gewöhnen Ihren Körper so ganz nebenbei an die ballaststoffreiche Ernährung.
- Beginnen Sie jede Hauptmahlzeit mit einem kleinen Salat oder mit fein zerkleinerter Rohkost.
- Essen Sie pro Tag fünf kleine Mahlzeiten statt drei großer: Zwischen Frühstück und Mittagessen gibt es zum Beispiel Joghurt mit Früchten, ein Käsebrot mit Radieschen und Tomate oder einen bunten Salat. Am Nachmittag isst man zu Tee oder Kaffee mit Milch ein paar Vollkornkekse, ein kleines Stück Obstkuchen oder ein Vollkornbrot mit herzhaftem Aufstrich.

Salate und Rohkost zum Auftakt

Rote-Bete-Salat mit Orangen
Zutaten für 4 Portionen:
1 Glas Rote Bete in Scheiben (Gartenkrone, 580 ml)
2 Orangen
1 EL Balsamessig (Cucina)
1 Messerspitze Spezialitäten-Honig
1 EL Walnuss- oder Olivenöl (Lorena)
1/2 Beutel Erdnüsse, pikant gewürzt, ohne Fett geröstet (150 g)
Salz, schwarzer Pfeffer

Die Rote Bete durch ein Sieb abgießen, den Saft dabei auffangen. Die Orangen schälen und in kleine Stücke schneiden, auch dabei den Saft auffangen. 6 Esslöffel Rote-Bete-Saft mit Orangensaft, Balsamessig Honig und Öl verrühren. Rote Bete, Orangen und Nüsse mischen. Mit der Saftmischung übergießen und noch einmal vorsichtig mischen. 10 Minuten zugedeckt ziehen lassen, dann mit wenig Salz und einer kräftigen Prise Pfeffer würzen und servieren. Dazu passt Vollkornbrot mit Butter oder Frischkäse.

Bunter Salat

Zutaten für 4 Portionen:

2 kleine Zucchini
2 große Tomaten
1 Bund Radieschen
1 EL gemischte, getrocknete Salatkräuter (Mamsell)
1 Becher Vollmilchjoghurt (150 g)
1 EL Schmant (24% Fett, 200-g-Becher)
1 EL Aprikosenkonfitüre (Grandese, 450 g)
1 EL Zitronensaft (Citrovin oder frisch gepresst)
Salz, schwarzer Pfeffer

Alle Gemüse waschen und abtrocknen. Die Zucchini in dünne Scheiben hobeln, die Tomaten in kleine Würfel schneiden, die Radieschen in Stifte schneiden. Gemüse mit den Salatkräutern mischen. Joghurt mit Schmant, Aprikosenkonfitüre und Zitronensaft glatt rühren und unter den Salat mischen. Salat mit Salz und Pfeffer abschmecken.

Gutes aus dem Backofen

Strudel und Kuchen mit Gemüse sind ausgewogene Mahlzeiten: Das Mehl im Teig in Verbindung mit Käse und/oder Sahne im Belag liefert ebenso hochwertiges Eiweiß wie Fleisch. Durch Gemüse und Kartoffeln bekommen Sie viele verschiedene Ballaststoffe: Die einen halten den Cholesterinspiegel im Rahmen, andere die Verdauung in Schwung. Kartoffeln sind außerdem hervorragende Quellen für Kalium und Vitamin C. Gegarte Tomaten steuern zellschützende Karotinoide bei. Fett und Sahne als kräftige Energiespender schließlich sorgen dafür, dass man nach einer vegetarischen Mahlzeit nicht gleich wieder hungrig ist.

Saftiger Gemüsestrudel

Zutaten für 8 Portionen:

3 Zwiebeln
3 Knoblauchzehen
3 EL Olivenöl (Lorena)
1 Pckg. Pfannengemüse, Feinschmecker Art (TK-Ware, 750 g)
1 EL getrocknete Petersilie (Mamsell)
Salz, schwarzer Pfeffer
1/4 TL Paprika edelsüß
100 g Bio-Reform Margarine mit Joghurtkulturen (Bellasan, 500-g-Pckg.)
3 Pckgn. frischer Blätterteig (Welwalka, 250 g)
1 Beutel geriebener Emmentaler (Oberalp, 45% Fett i.Tr., 200 g)
100 ml Milch (Milfina, 3,5 %)

Die Zwiebeln und die Knoblauchzehen schälen und grob zerkleinern. Im heißen Öl bei schwacher Hitze glasig braten. Pfannengemüse zugeben, kurz anbraten und alles zugedeckt etwa 15 Minuten bei schwacher Hitze halb weich dünsten. In eine Schüssel geben, Petersilie, Salz, Pfeffer und Paprika zufügen und abkühlen lassen. Inzwischen die Margarine schmelzen. Die drei Blätterteigplatten nacheinander auf der Arbeitsfläche ausbreiten, mit jeweils 1/3 der Gemüsemischung belegen, mit Käse bestreuen und mit dem flüssigen Fett beträufeln. Aufrollen und nebeneinander in eine leicht gefettete Form geben. Die Strudel mit dem verbliebenem Fett bestreichen, in den vorgeheizten Backofen schieben und bei 180 Grad etwa 15 Minuten backen. Die Milch an den Seiten dazugießen und die Strudel weitere 20 Minuten backen. Dabei etwa alle 5 Minuten mit dem Fett und der Milch bestreichen, das sich in der Form sammelt. Gegebenenfalls mit Folie abdecken, damit die Strudel nicht zu dunkel werden.

Frischkäseauflauf mit Gemüse
Zutaten für 4 Portionen:
1 kleine Zwiebel
1 TL Färberdistelöl, geschmacksneutral
50 g Mehl
1/4 l Gemüsebrühe (Instant)
ca. 200 g Gemüse (Gartenkrone; TK-Ware, 1 kg)
1 EL getrocknete Petersilie (Mamsell)
4 frische Eier aus Freilandhaltung (Gewichtsklasse M)
1 Becher körniger Frischkäse
(Bayernland, 200 g, 20% Fett i.Tr.)
Salz, schwarzer Pfeffer
Fett für die Form
1/4 Pckg. Chester-Scheibletten (Alpenmark, 200 g)

Die Zwiebel abziehen und fein zerkleinern. Im heißen Öl glasig braten. Das Mehl darüber streuen und goldgelb anrösten. Brühe unter Rühren zugießen, den Mehlbrei aufkochen und zugedeckt bei schwächster Hitze 10 Minuten garen; dabei häufig umrühren. Den Topf von der Kochstelle nehmen, das gefrorene Gemüse und die Petersilie unter den Brei mischen. Die Eier trennen. Zuerst nacheinander die Eigelbe, dann esslöffelweise den Frischkäse unter die Gemüsemischung rühren. Eiweiß steif schlagen und unterziehen. Mit Salz und Pfeffer kräftig würzen. Eine hohe Auflaufform fetten. Den Gemüseteig glatt streichen und mit den Scheibletten belegen. Auflauf in den vorgeheizten Backofen stellen und bei 180 Grad etwa 50 Minuten backen, bis er leicht gebräunt ist. Dazu passt Salat.

Sorgen Sie für ausreichend Vitamine

Vitamine sind eine Gruppe der vielen wichtigen Substanzen die unsere Gesundheit fördern, weil sie positiv in den Stoffwechsel eingreifen. Wir können sie nicht im Körper bilden.

müssen sie also »essen«, die meisten sogar täglich: Wasserlösliche Vitamine – das sind der gesamte B-Komplex und das bekannte Vitamin C (Ascorbinsäure) – brauchen wir laufend durch unsere Nahrung, sonst zeigen sich rasch Mangelerscheinungen. Nur die fettlöslichen Vitamine A, D, E und K kann der Körper über einen gewissen Zeitraum hinweg speichern, so dass man sie nicht ständig aufnehmen muss.

Vitamin A haben Sie beim gesunden Frühstück schon kennen gelernt (siehe Seite 34). Beta-Karotin aus Gemüse und Obst ist genauso gut, weil unser Körper diese Substanz in Vitamin A umbaut. Dieses Beta-Karotin gehört überdies zu den wichtigsten Bioaktiv-Stoffen (siehe Seite 34 ff.).

Vitamin E aus Pflanzenöl, Nüssen und Paprikaschoten ist einer der wichtigsten Zellschützer und eines der wirksamsten Anti-Kanzerogene.

Vitamin K aus Milch, Kohl und Spinat sorgt für die Blutgerinnung und starke Knochen. Es hilft bei Vorbeugung und Behandlung von Osteoporose. Erwachsene bilden dieses Vitamin mit Hilfe der gesunden Darmflora. Nur Säuglinge und Kranke brauchen es zusätzlich. Die Anleitung dazu gibt der Arzt.

Vitamin B6 (Pyridoxin) aus Kartoffeln, Bananen, Linsen und Spinat gehört zu den wichtigsten Stoffwechsel-Vitaminen bei der Verwertung von Eiweiss, Fett und Kohlenhydraten: Bei Bedarf holt sich der Organismus mit Hilfe dieses Vitamins genügend Energie aus dem »körpereigenen Speicher«, damit wir auch zwischen den Mahlzeiten leistungsfähig sind. Pyridoxin gehört wie Niacin zu den »Frauen-Vitaminen«: Es mildert hormonelle Schwankungen, die als Ursache für prämenstruelle Symptome wie Reizbarkeit, depressive Verstimmung, Kopfschmerzen, Spannungen in der Brust gelten.

Folsäure aus frischem Obst und Gemüse, Vollkornbrot und Hülsenfrüchten, weichem Käse und Eiern spielt bei Teilung und Wachstum der Zellen sowie bei der Stärkung des Immunsystems eine wesentliche Rolle. Wir alle brauchen folsäurehaltige

Lebensmittel deshalb täglich. Kinder, Jugendliche und Schwangere müssen sie besonders reichlich aufnehmen.
Vitamin B12 (Cobalamin) kommt nur in tierischen Lebensmitteln vor. Deshalb ist es bei einer vegetarischen Ernährung so wichtig, dass man die pflanzlichen Lebensmittel mit Milchprodukten und Käse, eventuell auch mit Eiern, ergänzt. Vitamin B12 brauchen wir für den Stoffwechsel und für gesunde Nervenzellen. Vor allem aber, um Folsäure – siehe oben – zu verwerten: Bei einem Mangel an Vitamin B12 kann der Körper seine Folsäurespeicher gewissermaßen nicht »öffnen«.
Pantothensäure aus Erdnüssen, Trockenerbsen, Melonen, Brokkoli und Eiern brauchen wir für den Stoffwechsel: Bei der Verdauung von Kohlenhydraten und Fett zerlegt der Körper diese Nährstoffe in kleinere Bausteine, die er mit Hilfe von Pantothensäure dann in die Zellen transportieren kann, die für die Energieproduktion zuständig sind.
Biotin aus Champignons, Avocados, Vollmilch und Eiern brauchen wir fürs Wachstum der Zellen – wichtig für Kinder und Jugendliche. Es ist ein Stoffwechsel-Vitamin, das zum Beispiel den Blutzuckerspiegel konstant hält, so dass wir nicht ständig von Heißhungerattacken überfallen werden. Und es wandelt Fettsäuren in »gesunde« Fettsäuren um, die unsere Gefäße vor Verkalkung schützen.

Fast-Food vegetarisch

Bei ALDI gibt es davon eine ganze Menge:
- 6 Champignon-Baguette à 125 g (Baroni, TK-Ware, 750 g)
- 9 Bruschetta spinacci à 38 g (Reggano, TK-Ware)
- 1 Pckg. Frühlingsrollen 4 Stück à 100 g (Daloon, TK-Ware, 400 g)
- Baguette vorgebacken mit Kräuterbutter (Blumenhof, 175 g)
- eine reiche Auswahl an TK-Gemüse

- frische Gnocchi (Primana, 500 g) aus der Kühltheke (Rezepte Seite 169)
- Tortellini-Gratin (Rezept Seite 146) und Ravioli mit Gemüse (Rezept Seite 169)
- fertige Dressings für Salat und Rohkost
- Cremesuppen und Saucen ohne Fleischanteil
- Fix-Produkte, die Sie auch ohne Fleisch zubereiten können (Rezept Seite 134: Überbackene Kartoffeln)

Wer nicht nur nach TK-Kost und Fertiggerichten greifen mag, kann auch selber was Schnelles auf den Tisch bringen:

Rosenkohlsuppe mit Baguettes

Für 3–4 Portionen:

6 Champignon-Baguette à 125 g (Baroni, TK-Ware, 750 g)
1/2 l Gemüsebrühe (Instant)
1/2 Pckg. Rosenkohl (Gartenkrone; TK-Ware, 750 g)
1/2 Dose geschälte Tomaten (Happy Harvest, 400 g)
3 EL Schmant (24% Fett, 200-g-Becher)
1 EL getrocknete Petersilie (Mamsell)
Salz, schwarzer Pfeffer

Die Baguettes nach Packungsaufschrift backen. Inzwischen die Brühe aufkochen. Rosenkohl und zerdrückte Tomaten zugeben, Suppe zum Kochen bringen und den Rosenkohl zugedeckt bei mittlerer Hitze bissfest garen. Schmant und Petersilie untermischen, die Suppe mit Salz und Pfeffer abschmecken und zu den heißen Baguettes servieren.

Überbackene Tomatenbrote mit Gurkensalat
Zutaten für 4 Portionen:
4 große Scheiben Bauernbrot
1/2 Pckg. Passierte Tomaten (Ciccio, 500 g)
2 EL Tomatenketchup (KIM)
2 EL Remoulade (KIM)
Salz, schwarzer Pfeffer
1 Pckg. Mozzarella (Valfiorita, 125 g)
1 Salatgurke
1/4 Flasche Joghurt-Dressing (Aue Hof, 250 g)

Die Brotscheiben nebeneinander auf ein Backblech legen und in den vorgeheizten Backofen schieben. Bei 220 Grad etwa 3 Minuten rösten. Inzwischen die Tomaten mit Ketchup, Remoulade, Salz und Pfeffer verrühren. Den Mozzarella würfeln und die Hälfte davon unter das Püree mischen. Püree auf den Broten verteilen, mit dem Rest der Mozzarellawürfel belegen. Die Brote wieder in den Ofen schieben und etwa 15 Minuten backen, bis sie goldgelb sind. Die Gurke schälen, fein hobeln und mit dem Dressing zu einem Salat mischen.

Tomatenreis mit Gemüse
Für 4 Portionen:
2 Kochbeutel Reis (4x125-g-Pckg.)
1 Pckg. Pfannengemüse, Feinschmecker Art (TK-Ware, 750 g)
1 Pckg. Passierte Tomaten (Ciccio, 500 g)
3 EL Olivenöl (Lorena)
1 Knoblauchzehe
2 EL getrocknete 8-Kräuter-Mischung (Mamsell)
2 EL Schmant (24% Fett, 200-g-Becher)
1/4 TL Paprika edelsüß
Salz, schwarzer Pfeffer

Den Reis und das Gemüse getrennt jeweils nach Packungsaufschrift zubereiten. Inzwischen die Tomaten im heißen Öl mit dem zerdrückten Knoblauch dick einkochen. Abgetropften Reis und Kräuter untermischen. Das Gemüse mit dem Schmant und dem Paprika mischen. Reis und Gemüse mit Salz und Pfeffer abschmecken und auf vorgewärmten Tellern anrichten.

Überbackene Kartoffeln

Zutaten für 4 Portionen:
Etwa 800 g gekochte Kartoffeln
schwarzer Pfeffer
1/4 TL Paprika edelsüß
2 EL getrocknetes Suppengewürz (Lachende Köchin)
2 Beutel Fix für Geflügel in Zwiebelsahnesauce (Lachende Köchin)
1 Pckg. H-Sahne (Milfina, 200 g)
300 ml Milch (Milfina, 3,5 %)
1/4 Beutel geriebener Emmentaler (Oberalp, 45% Fett i.Tr., 200 g)

Die Kartoffeln je nach Größe in Scheiben oder kleine Würfel schneiden. In einer flachen Gratinform verteilen. Mit Pfeffer, Paprika und dem Suppengewürz bestreuen. Die Beutel »Fix« nach Packungsaufschrift in die Sahne und die Milch rühren und über die Kartoffeln gießen. Mit dem Emmentaler bestreuen und in den vorgeheizten Ofen schieben. Bei 200 Grad 25 bis 30 Minuten backen.

Gemüse und Obst gegen zu viel Salz

Kaliumreiche Lebensmittel wie Getreide, Gemüse, Kartoffeln, Hülsenfrüchte und Obst sind für einen gesunden Blutdruck geradezu ideal. Denn mit Kalium wird der Körper Wasser los, während der Kochsalzbestandteil Natrium es im Gewebe speichert. Das ist nicht »ungesund«, sondern sehr sinnvoll: Ohne Wasser wäre unser Blut »zu dick«, könnte die Lymphe nicht richtig fließen, würden die Nährstoffe nicht transportiert, die Muskeln nicht arbeiten, und die Knochen wären zu spröde. Denn Wasser brauchen wir überall in unseren Zellen – schließlich bestehen wir etwa zur Hälfte daraus: 50 bis 60 % unseres Körpergewichtes steuert das Wasser bei, beim Säugling sind es sogar noch etwa 70 %. Zu Natrium- und Kaliummangel kommt es gewöhnlich, wenn Sie sich den Magen so richtig verdorben haben: ständiges Erbrechen und schwerer Durchfall machen schlapp, müde und depressiv.

Natriumüberschuss soll zu Bluthochdruck führen. Doch die Experten sind sich noch immer nicht einig, ob dieses Zivilisationsleiden nun an erhöhter Natriumzufuhr, an zu viel Kochsalz – eine chemische Verbindung der beiden Mineralstoffe Natrium und Chlor – liegt oder andere Ursachen hat. Gehen Sie auf Nummer sicher und sorgen Sie für Harmonie auf dem Teller: Salz kriegen Sie ohnehin genug – durch Käse und Brot, Wurst und Schinken, Würzsaucen wie Ketchup und Fertigdressings. Wer Chips und andere Knabberartikel liebt und aus Zeitgründen häufig Fertiggerichte isst, hat sogar mehr als genug. Deshalb müssen Sie auch regelmäßig kaliumreiche Lebensmittel wie Kartoffeln, Hülsenfrüchte, Reis, Getreideflocken, Nüsse, frisches Gemüse und Obst essen.

Kartoffelgratin mit Kräuterkruste

Zutaten für 4 Portionen:

500 g Kartoffeln
1 EL Sonnenblumenmargarine (Bellasan, 500 g)
1 mittelgroße Zwiebel
Salz, schwarzer Pfeffer
1 EL getrockneter Schnittlauch (Mamsell)
2 frische Eier aus Freilandhaltung (Gewichtsklasse L)
1/8 l Milch (Milfina, 3,5 %)
100 g Paniermehl
3 EL Olivenöl (Lorena)
1/2 Pckg. Chester-Scheibletten (Alpenmark, 200 g)

Die Kartoffeln schälen, waschen und in dünne Scheiben schneiden. Dachziegelartig in eine Gratinform schichten. Margarine zerlassen und gleichmäßig über die Kartoffelscheiben gießen. Die Zwiebel abziehen, ganz fein hacken und auf den Kartoffeln verteilen. Mit Salz, Pfeffer und dem Schnittlauch bestreuen. Die Eier mit der Milch schaumig schlagen und über die Kartoffeln gießen. Das Paniermehl darüber verteilen. Gratin mit den Scheibletten belegen und in den vorgeheizten Backofen stellen. Bei 220 Grad etwa 35 Minuten backen, bis die Kartoffeln weich sind und die Kruste leicht gebräunt ist.

Schneller Pilaw

Zutaten für 4 Portionen:

1 Zwiebel
3 EL Olivenöl (Lorena)
1 TL Klare delikate Brühe (Lachende Köchin)
1/4 TL Paprika edelsüß
1 Beutel Zwiebelsuppe (Lachende Köchin, 3 Teller)
300 g Langkornreis
1 Tomate

Die Zwiebel abziehen, fein hacken und im Olivenöl glasig braten. 1/2 l Wasser zugießen, Brühe, Paprika und Zwiebelsuppe einrühren und erneut aufkochen. Den Reis zugeben und bei mittlerer Hitze unter häufigem Rühren 10 Minuten garen. Den Topfdeckel mit einem Küchentuch umwickeln, fest auf den Topf drücken und den Pilaw bei schwächster Hitze etwa 30 Minuten garen. Dabei ab und zu mit einer Gabel durchrühren. Tomaten überbrühen, abziehen, fein zerkleinern und unter den Pilaw rühren.

Die Sache mit dem Eisen

Dieses Spurenelement bindet den Sauerstoff in den roten Blutkörperchen und transportiert ihn so in die Zellen. Dort steht er dann für die Energieproduktion zur Verfügung. Außerdem spielt Eisen als Bioaktiv-Stoff (siehe Seite 35 ff.) eine Rolle in der Abwehr freier Radikale. Eisenmangel wird gewöhnlich diagnostiziert, wenn man einfach nicht »in die Gänge kommt«. Dann gibt es Eisenpräparate, den Rat, mehr Leber, Schweinefleisch und Eier zu essen. Frauen – so heißt es – brauchen mehr Eisen, weil sie durch den monatlichen Blutverlust unterversorgt sind. Und bei Vegetariern liegt angeblich die Eisenzufuhr ohnehin im Argen. Das stimmt so nicht mehr:
Die Richtwerte für den Eisenbedarf wurden aufgrund von Vegetarier-Studien gesenkt. Fazit: Wir können Eisen aus tierischen Lebensmittel zwar besser aufnehmen, nötig sind Fleisch, Eier und Leber aber nicht. Wer sie mag und dennoch lieber vorwiegend vegetarisch isst, setzt eines davon einmal pro Monat auf den Speisezettel – das reicht. Sonst dürfen Sie sich weiter an Linsen, weißen Bohnen, Reis, Haferflocken, Roggenbrot und Weizenvollkornbrot, Trockenobst und frischem Gemüse erfreuen, ohne Mangelerscheinungen befürchten zu müssen.

Reis mit Spinat

Zutaten für 4 Portionen:

1 Pckg. Rahmspinat (Gartenkrone; TK-Ware, 450 g)
2 Kochbeutelreis (4 x 125-g-Pckg.)
1 EL Italienisches Tomatenmark (200 g-Tube)
1/8 l Gemüsebrühe (Instant)
4 mittelgroße Zwiebeln
6 EL Olivenöl (Lorena)
Salz, schwarzer Pfeffer
1 EL Zitronensaft (Citrovin oder frisch gepresst)

Den Spinat auftauen lassen. Den Reis nach Packungsaufschrift garen. Das Tomatenmark mit der Gemüsebrühe verrühren. Die Zwiebeln abziehen und fein hacken. Olivenöl in einer Pfanne erhitzen und die Zwiebeln darin bei schwacher Hitze glasig braten. Den Spinat zugeben und kurz andünsten. Gegarten Reis, Tomatenmark, Salz und Pfeffer zugeben und einmal kräftig aufkochen. Mit Zitronensaft abschmecken.

Chinakohl-Rouladen

Zutaten für 4 Portionen:

1 Zwiebel
1 Kochbeutel Reis (4 x 125-g-Pckg.)
150 g Pfannengemüse, mexikanisch
(Gartenkrone; TK-Ware, 750-g-Pckg.)
1 EL getrocknete 8-Kräuter-Mischung (Mamsell)
1/4 Beutel geriebener Emmentaler
(Oberalp, 45% Fett i.Tr., 200 g)
Salz, schwarzer Pfeffer
1 EL Zitronensaft (Citrovin oder frisch gepresst)
1–2 Köpfe Chinakohl (etwa 1 kg)
Fett für die Form
1/8 l Klare Gemüsebrühe (Instant)
1/2 Becher Schmant (24% Fett, 200 g)

Die Zwiebel abziehen und fein zerkleinern. Den Reis nach Packungsaufschrift garen. Dabei von der Garzeit 5 Minuten abziehen, damit der Reis nicht zu weich ist. Heiß in eine Schüssel geben, mit der Zwiebel, dem Pfannengemüse und den Kräutern mischen und abkühlen lassen. Dann 1 Esslöffel Käse, Salz, Pfeffer und Zitronensaft unterrühren. Den Chinakohl von allen welken äußeren Blättern befreien. 12 große Blätter ablösen und die dicken Rippen etwas flach schneiden. Blätter nacheinander in reichlich sprudelnd kochendem Salzwasser kurz garen, bis sie weich genug zum Aufrollen sind. Nebeneinander auf der Arbeitsfläche ausbreiten. Jedes Blatt mit etwas Reismischung belegen und aufrollen. Dicht an dicht in eine gefettete, flache Gratinform legen. Die Brühe mit dem Schmant verrühren, über die Rouladen verteilen und alles mit dem restlichen Käse bestreuen. Die Rouladen in den vorgeheizten Backofen schieben und bei 180 Grad etwa 30 Minuten backen.

✻ Tipp

Falls Füllung übrig bleibt, zwischen den Rouladen verteilen.

Gemüsegulasch mit Eiern

Zutaten für 4 Portionen:

500 g festkochende Kartoffeln
Salz
1 Pckg. Gemüse (Gartenkrone; TK-Ware, 1 kg)
1 Päckchen Rahmsoße (Lachende Köchin, 2 x 1/4 l)
6 frische Eier aus Freilandhaltung (Gewichtsklasse M)
2 Tomaten
2 EL gemischte, getrocknete Salatkräuter (Mamsell)
schwarzer Pfeffer

Die Kartoffeln schälen, waschen und würfeln. In wenig Wasser mit Salz weich garen. Das Gemüse und die Rahmsoße nach

Packungsaufschrift garen. Die Eier in 6 bis 8 Minuten wachsweich kochen. Abgießen und kurz kalt abschrecken. Eine große Schüssel sehr gut vorwärmen. Die Tomaten überbrühen, abziehen und in kleine Würfel schneiden. Die Kartoffeln mit dem Kochwasser, das Gemüse, die Soße, die Tomaten und die Kräuter in die vorgewärmte Schüssel geben und alles locker mischen. Mit Salz und Pfeffer würzen. Die Eier pellen, halbieren und auf dem Gulasch anrichten. Sofort servieren.

Gesünder leben mit Gemüse und Obst

Seit einigen Jahren werden die Inhaltsstoffe von pflanzlichen Lebensmitteln intensiv erforscht. Es hat sich gezeigt, dass die sogenannten sekundären Pflanzenstoffe – auch Bioaktiv-Stoffe oder *plant chemicals* genannt – von Obst, Gemüse, Kartoffeln, Getreide, Hülsenfrüchten, Gewürzen, Kräutern, Nüssen und Samen ähnlich positiv im Körper wirken, wie man es bisher nur von Heilpflanzen kannte. In der Pflanze selbst sind diese Stoffe verantwortlich für Aroma und Farbe oder für die Abwehr natürlicher Feinde. Unseren Körper schützen sie vor krebserregenden Substanzen; sie stärken das Immunsystem, helfen bei der Abwehr von Infektionen und unterstützen die Aufnahme von Mineralstoffen und Vitaminen.
Übrigens sind uns diese Substanzen aus dem Alltag sehr vertraut: wir haben es zum Beispiel mit Aroma- und Geruchsstoffen zu tun, die uns genauso reizen, wie sie die Biene zur Bestäubung der Rose, den Star zum Genuss der prallen, reifen Kirsche anlocken. Genau wie wir haben bekanntlich Hunde, wilde und zahme Schweine die moschusduftenden Trüffel zum Fressen gern.
Bitterstoffe in einem so edlen Gemüse wie Artischocken oder so handfesten Kräutern wie Beifuss und Wermut reizen die Drüsen unser Verdauungsorgane. Deshalb trinkt man den »Bitter« als Aperitif oder Digestif, serviert Artischocken als Vorspei-

se und macht fetten Gänsebraten mit einer ordentlichen Portion Beifuss leichter verdaulich. Auch eine im Grund »abschreckende« Gruppe von Lebensmitteln gehört dazu: Gemüse, Gewürze und Kräuter mit äußerst charakteristischem Aroma, bewirkt durch ihre kräftigen ätherischen Öle. Tatsächlich fühlen sich manche Menschen davon abgestoßen – sie mögen den leicht faden Geschmack von Anisplätzchen überhaupt nicht, meiden koriandergewürztes Brot, weil es das süßliche Parfümaroma der kleinen Körnchen transportiert. Doch die meisten dieser Öle schmeicheln Zunge, Gaumen und Nase. Und sie wirken höchst positiv, denn sie fördern die Entspannung. Beispiel Fenchel: Seine Samen helfen gegen Völlegefühl und Blähungen. Das Öl mit dem Hauptbestandteil Anethol entkrampft den angespannten Verdauungsapparat, bekämpft schädliche Mikroorganismen und hält die Darmschleimhaut in Ordnung.

Ein Teller Buntes

Zu den wichtigen Bioaktiv-Stoffe zählen Farben: rote und gelbe Karotinoide in Tomaten, Paprikaschoten oder Kürbis schützen unsere Zellen. Interessant dabei: Sie verteidigen unser Immunsystem gewissermaßen von außen und greifen an, sobald »Feinde« in unseren Organismus einzudringen versuchen. Damit werden tiefere Gewebeschichten besser vor Schadstoffen geschützt.

Je nach ihrer Zusammensetzung kommen Karotinoide auch in dunkelgrünem Gemüse wie Grünkohl, Spinat oder Brokkoli vor. Wichtig fürs Essen: Die Karotinoide in gelbem und rotem Gemüse können wir gegart besser verwerten, die im grünen besser roh. Das heißt, dass Sie Möhren häufig als Beilagengemüse, Spinat auch mal roh als Salat essen sollten. Tomaten sind immer wertvoll – ob sie auf der Pizza oder auf dem Butterbrot liegen. Rote Anthocyane – zum Beispiel in roten Beeren, Kirschen, roten Beten oder blauen Weintrauben – wirken ähnlich: als »Jäger« der freien Radikale und Schützer unseres Immunsystems. Und genau wie die »Gelben« kommen auch die »Roten« in vielen unterschiedlichen Lebensmitteln vor: Kartoffeln und Nüssen, grünem Gemüse und Gewürzen.

Gemüse-Obst-Salat

Zutaten für 4 Portionen:

1/2 Pckg. Tropische Fruchtmischung
(Gartenkrone; TK-Ware, 750 g)
1/2 Salatgurke
1 Eisbergsalat
1 große Tomate
1 reife Avocado
Salz, schwarzer Pfeffer
2 EL Balsamessig (Cucina)
1 EL Zitronensaft (Citrovin oder frisch gepresst)
2 EL Olivenöl (Lorena)
2 Kästchen Kresse

Die Fruchtmischung auftauen lassen. Die Gurke schälen, der Länge nach halbieren und in Scheiben schneiden. Den Salat putzen, in Streifen schneiden, waschen und trocken schleudern. Die Tomate waschen und abtrocknen, die Avocado schälen und entsteinen. Alle diese Zutaten würfeln und zu den tropischen Früchten geben. Mit Salz und Pfeffer würzen, Essig, Zitronensaft und Öl zugeben und den Salat vorsichtig, aber gründlich mischen. Die Kresse mit einer Küchenschere abschneiden und als Sträußchen auf dem Salat verteilen.

Rohkost ist gesund

Mit rohem Gemüse und Obst bekommen Sie meist mehr wichtige Inhaltsstoffe als mit gekochtem. Vitamine der B-Gruppe,

Folsäure und Vitamin C zum Beispiel gehen beim Erhitzen teilweise verloren. Und weil Lebensmittel beim Garen immer etwas Flüssigkeit verlieren, lösen sich dabei auch viele Mineralstoffe, die in Rohkost aber erhalten bleiben. Mit einem Rohkostsalat vorweg vertragen Sie das ganze Essen besser. Denn Sie müssen ja richtig kauen und nehmen dabei die ätherischen Öle, Geruchs-, Aroma- und Bitterstoffe auf. Das wiederum regt die Verdauung an. Und die Rohkost stillt schon einen Teil Ihres Hungers. Das liegt an den Ballaststoffen, die den Magen füllen. Doch weil sie kaum Energie, sprich: Kalorien enthalten, macht Rohkost nicht dick.
Trotzdem darf man nicht jedes pflanzliche Lebensmittel roh essen. Erstens, weil wir es nicht richtig verdauen können: Von rohen Kartoffeln zum Beispiel haben wir gar nichts, denn wir können nur die Stärke der gekochten oder gebratenen Knollen verdauen. Ähnlich ist es bei Getreidestärke: Unsere Verdauungsenzyme »greifen« erst bei Brot, gekochten Nudeln und Körnern. Oder bei gekeimtem Getreide und gequollenem Schrot im Müsli.
Manche Pflanzen sind roh sogar gesundheitsschädlich oder giftig: alle Hülsenfrüchte mit Ausnahme von Erbsen müssen Sie garen, denn sie enthalten einige Stoffe, die der Gesundheit schaden und erst durch Garen abgebaut werden. Gleiches gilt für Wildpilze, Rhabarber und Holunderbeeren.
Garen tötet schädliche Mikroorganismen und Krankheitskeime, die auf Lebensmitteln wachsen können – frisch gekeimte Sprossen zum Beispiel sind blanchiert gut verträglich, während sie roh bei vielen Menschen Verdauungsbeschwerden verursachen. Garen schließt Geschmacks- und Duftstoffe auf. Deshalb läuft Ihnen auch das Wasser im Mund zusammen, wenn Sie zum Beispiel frisch gebackenes Brot riechen. Und einige wichtige Bioaktiv-Stoffe in Tomaten und Möhren zum Beispiel können wir nur gegart optimal verwerten.

Kohl für die Gesundheit

Die nächste Gruppe der Bioaktiv-Stoffe kommt vor allem in Blumenkohl, Brokkoli und Kohl vor: Glucosinolate, bestimmte Verbindungen aus Zucker und Schwefel, die wichtige Krebshemmer produzieren. Ihre enzymatischen Abbauprodukte, die Indole, wirken antioxidativ und bekämpfen so die gefährlichen freien Radikale. Sie unterstützen den Körper beim Kampf gegen Infektionen und helfen der Leber beim »Entgiften« von Schadstoffen, die durch Umwelteinflüsse, Alkohol, Nikotin oder falsche Ernährung in die Zellen gelangen. Beim Kohl allerdings lassen sich Genuss und Gesundheit nicht in einen Topf bringen: Denn je penetranter das Gemüse riecht und schmeckt, desto gesünder ist es. Denn dann läuft der enzymatische Abbau ja auf Hochtouren, die gesunden Indole werden zuhauf aktiv. Vielleicht deswegen haben Feinschmecker Kohl und andere verwandte Kreuzblütler so lange verschmäht und lieber den Medizinern überlassen: In der Antike hat man diese Pflanzen vor allem wegen ihres pharmakologischen Nutzens angebaut. Und der ist beachtlich: Außer ihrer wichtigen Funktion als Antikanzerogene wirken sie cholesterinsenkend und schützen uns vor Infektionen durch Bakterien, Pilze und Viren.

Pektin, ein »obst-typischer« Ballaststoff, vor allem in Äpfeln, Quitten und Preiselbeeren reichlich enthalten, schützt Herz und Gefäße, weil er für einen ausgeglichenen Cholesterinspiegel sorgt. Ähnlich wirken auch Porree, Frühlingszwiebeln und Knoblauch. Außerdem liefern Zwiebelgewächse natürliche Antibiotika, die in der Mundhöhle und im Verdauungstrakt gegen Pilze und Bakterien helfen.

Weißkohl mit Kartoffeln in Sahnesauce
Zutaten für 4 Portionen:
1/2 Weißkohl (ca. 500 g)
400 g vorwiegend festkochende Kartoffeln
1/2 l sehr kräftige Gemüsebrühe (Instant)
2 frische Eier aus Freilandhaltung (Gewichtsklasse M)
1 kleine Zwiebel
1 EL Frühstücksmargarine Vitamine A,D und E (Bellasan, 500 g)
1 Pckg. H-Sahne (Milfina, 200 g)
Salz, schwarzer Pfeffer
1–2 EL gemischte, getrocknete Salatkräuter (Mamsell)

Den Weißkohl putzen, vierteln und waschen. Den Strunk aus jedem Viertel herausschneiden. Die Viertel in etwa fingerbreite Streifen schneiden. Die Kartoffeln schälen, waschen und würfeln. Kohl und Kartoffeln mit der Gemüsebrühe aufkochen und zugedeckt bei schwacher Hitze in etwa 10 Minuten gerade eben bissfest kochen. Die Eier separat in 10 Minuten hart kochen, abgießen, kalt abschrecken, schälen und würfeln. Die Zwiebel abziehen und sehr fein zerkleinern. Den Kohl und die Kartoffeln über einer Schüssel abgießen und den Sud dabei auffangen. Kohl und Kartoffeln warm halten. Die Margarine erhitzen, die Zwiebel darin glasig braten. Den aufgefangenen Sud zugießen und bei starker Hitze einkochen. Dabei nach und nach die Sahne zugießen und unter Rühren kochen, bis die Sauce sämig ist. Mit Eiern und Kräutern mischen, mit Salz und Pfeffer kräftig abschmecken und über den Weißkohl und die Kartoffeln gießen.

Tortellini-Gratin mit Porree

Zutaten für 4 Portionen:

200 g dünne Porreestangen
4 Knoblauchzehen
1 Pckg. Mozzarella (Valfiorita, 125 g)
1 Pckg. Käse-Tortellini (Primana, 400 g)
Salz
2 EL Olivenöl
schwarzer Pfeffer

Den Porree putzen, waschen und in dünne Ringe schneiden. Knoblauch schälen und hacken. Den Mozzarella würfeln. Die Tortellini nach Packungsaufschrift in Salzwasser garen; dabei die angegebene Kochzeit um 2 Minuten verkürzen. Den Porree mit dem Knoblauch im restlichen heißen Öl bei schwacher Hitze halb weich braten. Mit den abgetropften Tortellini in eine flache, leicht gefettete Gratinform geben, mit Salz und Pfeffer würzen und mit dem Mozzarella belegen. Gratin in den vorgeheizten Backofen stellen und bei 200 Grad in etwa 15 Minuten goldbraun überbacken.

✻ *Tipp*

Die grünen Porreeblätter enthalten Beta-Karotin; deshalb nur die welken Blätter entfernen und alles andere zum Tortellini-Gratin und in den Belag geben. Das sieht schön aus, schmeckt gut und ist obendrein noch richtig gesund.

Sauerkrautauflauf

Zutaten für 4 Portionen:

2 mittelgroße Kartoffeln
1 Zwiebel
1 Dose Weinsauerkraut
(Bavaria, 850 g, Abtropfgewicht 770 g)
2 säuerliche Äpfel
2 frische Eier aus Freilandhaltung (Gewichtsklasse M)
3 EL getrocknetes Suppengewürz (Lachende Köchin)
1 EL getrocknete 8-Kräuter-Mischung (Mamsell)
Salz, schwarzer Pfeffer
1/4 TL Paprika edelsüß
1/8 l Karottensaft mit Honig
1/2 Becher Schmant (24% Fett, 200 g)
1/2 Beutel geriebener Emmentaler
(Oberalp, 45% Fett i.Tr., 200 g)
1 EL Butter

Die Kartoffeln schälen, waschen und grob raspeln. Die Zwiebel schälen und würfeln. Das Sauerkraut grob zerschneiden. Die Äpfel vierteln, schälen, vom Kerngehäuse befreien und ebenfalls grob raspeln. Alle diese Zutaten mit Eiern, Suppengewürz, Kräutern, Salz, einer kräftigen Prise Pfeffer und Paprika vermischen und in eine gefettete Auflaufform mit halb hohem Rand geben. Den Karottensaft mit dem Schmant verrühren und darüber gießen. Den Käse darüber streuen. Die Butter in Flöckchen teilen und darauf legen. Den Auflauf in den vorgeheizten Backofen schieben und bei 200 Grad etwa 45 Minuten backen, bis er oben schön gebräunt ist.

Kohlrabisalat

Zutaten für 4 Portionen:

2 Kohlrabiknollen (ca. 800 g)
1 Bund frische Kräuter
(Schnittlauch, Petersilie, Ruccola oder Dill)
1 kleine Zitrone
1/2 Becher Schmant (24% Fett, 200 g)
1 TL Olivenöl (Lorena)
Salz, schwarzer Pfeffer

Die Kohlrabi waschen, die zarten Blättchen abschneiden und fein hacken. Die Knollen schälen und grob raspeln. Die Kräuter fein zerkleinern. Die Zitrone auspressen. Die Kohlrabi mit den gehackten Blättern, den Kräutern und dem Zitronensaft in eine große Schüssel geben. Schmant und Öl zufügen und alles gut mischen. Den Salat mit Salz und Pfeffer kräftig abschmecken.

Tomaten mit Kartoffelfüllung

Zutaten für 4 Portionen:

2 mittelgroße Kartoffeln (mehlige Sorte)
1 kleine Zwiebel
1 EL Olivenöl (Lorena)
1 EL getrocknete 8-Kräuter-Mischung (Mamsell)
1/8 l Milch (Milfina, 3,5 %)
1 Pckg. dänischer Blauschimmelkäse (Creme Royale, 150 g)
4 große Tomaten (insgesamt etwa 1 kg)
Salz, schwarzer Pfeffer
1 EL Butter

Die Kartoffeln schälen, waschen und würfeln. Die Zwiebel abziehen und hacken. Das Öl in einem Topf erhitzen. Die Kartoffeln und die Zwiebeln darin bei schwacher Hitze anbraten.

Die Kräuter und die Milch zugeben und aufkochen. Die Kartoffeln in etwa 20 Minuten sehr weich kochen. Mit dem Kartoffelstampfer zerdrücken. Den Käse entrinden und in ganz kleine Würfel schneiden. Die Tomaten waschen, quer halbieren und so aushöhlen, dass kleine Schälchen entstehen. Fruchtfleisch hacken und mit den Käsewürfeln zum Kartoffelmus geben. Mus mit Salz und Pfeffer würzen. Tomaten ebenfalls mit Salz und Pfeffer ausstreuen. Mit dem Kartoffelmus füllen. Die Butter in Flöckchen darauf verteilen. Tomaten in eine ofenfeste Form setzen, in den vorgeheizten Backofen stellen und bei 220 Grad etwa 30 Minuten backen, bis sie goldbraun sind.

Buntes Gemüse mit Nüssen

Zutaten für 4 Portionen:

Je 200 g Champignonscheiben, Brokkoliröschen und Rosenkohl (Gartenkrone; TK-Ware, 750-g-Packungen)
200 g Möhren
1 Zwiebel
eventuell 250 g Sojasprossen
1 TL Speisestärke (Remiga)
1/4 l Gemüsebrühe (Instant)
1 EL Pflanzenfett zum Braten (KIM)
frisch gemahlener schwarzer Pfeffer
1 Dose Cashewkerne, geröstet und gesalzen (150 g)

Das Gemüse auftauen lassen. Die Möhren schälen und in dünne Stifte schneiden. Die Zwiebel abziehen, halbieren und in feine Scheiben schneiden. Die Sprossen heiß abspülen, kalt abschrecken und abtropfen lassen. Die Speisestärke mit 2 Esslöffel Gemüsebrühe glatt rühren. Das Öl in einer großen Pfanne erhitzen. Das aufgetaute Gemüse, die Möhren und die Zwiebel darin bei starker Hitze 2 Minuten unter Rühren anbraten. Die restliche Brühe zugießen, aufkochen und das Gemüse zugedeckt bei schwacher Hitze 5 Minuten garen. Die Sprossen untermischen und weitere 2 Minuten garen. Die angerührte Speisestärke untermischen und einmal aufkochen. Die Cashewkerne untermischen. Das Gemüse mit frisch gekochtem Reis servieren.

5. Kapitel

Die Mittelmeerküche

Die mediterrane Küche gilt als eine der besten, sowohl was den Genuss als auch was die Gesundheit betrifft. Und das hat gute Gründe:

Erstens, weil sie pflanzliche Lebensmittel in den Vordergrund rückt. Denn was früher überall als traditionelles Wissen geschätzt, dann bei uns als Binsenweisheit belächelt wurde, ist endlich durch Forscher in aller Welt wissenschaftlich abgesichert: mit Gemüse, Obst und Kräutern bleibt man fit und gesund! Das liegt an den äußerst wertvollen Substanzen, die man in letzter Zeit nach und nach entdeckt, deren Wirkung man immer besser versteht: den Bioaktivstoffen (siehe Seite 10).

Zweitens, weil sie eine reichhaltige Auswahl bietet: Ob Sie in Italien oder Spanien, Griechenland oder der Türkei zu Gast sind, Sie können immer wählen zwischen vegetarischen Gerichten oder solchen mit ganz wenig Fleisch. Sie können eine große Fischplatte essen und dazu einen großen Salat. Sie können lauter Kleinigkeiten bestellen oder mehrgängig schlemmen.

Drittens, weil sie vorwiegend Olivenöl verwendet: Mehr über die positive Wirkung des »heiligen Öls« erfahren Sie auf Seite 167.

Viertens, weil die Mittelmeerküche unsere Beilagen in den Rang von köstlichen Hauptgerichten erhoben hat: Den Spaniern verdanken wir einen der besten bäuerlichen Eintöpfe, der nicht Fleisch, sondern so gesunde Sachen wie Fisch, Meeresfrüchte und Reis in den Mittelpunkt stellt – Paella. Bei ALDI gibt es eine Paella-Art als Tiefkühlgericht. Italienischer Risotto und griechische Moussaka genießen Weltruf. Und bei beiden steht nicht Fleisch im Mittelpunkt, sondern das, was wir sonst als Beilagen kennen: Reis, Kartoffeln, Auberginen oder anderes Gemüse.

Mit Vorspeisen schlemmen

Die Idee stammt aus dem sonnigen Süden: Lauter kleine Häppchen, als Büfett appetitlich angerichtet, ersetzen das kräftige Menü. Für Sie als GastgeberIn bedeutet das viel weniger Stress, denn Sie können alles in Ruhe vorbereiten und sich dann ganz Ihren Gästen widmen. Der Vorschlag für Ihr ebenso köstliches wie gesundes Vorspeisen-Büfett:

- Joghurt-Cocktail
- Weißbrotstangen mit Schinken
- Bruschetta mit Tomaten-Kräutermus
- Crostini mit Thunfisch und Tomaten
- Spanische Tortillaschnittchen
- Blätterteigrolle mit Schafskäse und Spinat
- Brotsalat aus der Toskana

Joghurtcocktail

Zutaten für 4 Portionen:
1/2 Salatgurke
2 reife Tomaten
2 Becher Vollmilchjoghurt (150 g)
1/8 l Mineralwasser
1 TL gemischte, getrocknete Salatkräuter (Mamsell)
Salz, schwarzer Pfeffer
1/4 TL Paprika edelsüß

Die Gurke schälen, die Tomaten waschen. Beides in Stücke schneiden und mit Joghurt und Mineralwasser pürieren. Mit Kräutern, Salz, Pfeffer und Paprika abschmecken und in gekühlten Gläsern mit einigen Eiswürfeln servieren.

Weißbrotstangen mit Schinken
Zutaten für 20 Stück:
1/2 Pckg. Backmischung für Weißbrot
(Mühlengold, 2 Brote je 750 g)
Mehl zum Formen
Fett für die Bleche
1–2 Eiweiß
je 2 EL grobes Salz und Kümmelkörner
1–2 Pckgn. Original italienischer Schinken luftgetrocknet
(Casale, 100 g)

Den Teig nach Packungsaufschrift zubereiten und gehen lassen. In 20 Portionen teilen und auf wenig Mehl zu Stangen rollen. Auf gefettete Backbleche legen, mit dem verquirlten Eiweiß bestreichen, mit Salz und Kümmel bestreuen. Zugedeckt noch mal gehen lassen. Die Stangen in den vorgeheizten Backofen schieben und bei 200 Grad in etwa 15 Minuten goldbraun backen. Dann auf einem Kuchengitter ganz abkühlen lassen. Die Schinkenscheiben vorsichtig aus der Verpackung nehmen und jede Stange spiralenförmig mit einer Schinkenscheibe umwickeln. Nebeneinander auf einer großen Platte anrichten.

✻ *Tipp*
Die Stangen gehören zu den köstlichen italienischen Antipasti, die man gewöhnlich mit einem Gläschen kühlem Prosecco genießt.

Bruschetta mit Tomaten-Kräuter-Mus
Zutaten für 4-8 Portionen:
1 Ciabatta-Brot
12 EL Olivenöl (Lorena)
4 große Tomaten
1–2 EL getrocknete 8-Kräuter-Mischung (Mamsell)
Salz, schwarzer Pfeffer
1 Prise Zucker

Das Brot schräg in 8 Scheiben schneiden. Jede Scheibe mit 1 Esslöffel Olivenöl bestreichen, nebeneinander auf ein Backblech legen und im vorgeheizten Backofen bei 220 Grad etwa 3 Minuten backen, bis sie leicht gebräunt und knusprig sind. Die Tomaten waschen, abtrocknen und in sehr kleine Würfel schneiden. Mit Kräutern, Salz, Pfeffer und Zucker in einer Schüssel mischen. Auf den Brotscheiben verteilen, mit dem restlichen Öl beträufeln und sofort servieren.

Crostini mit Thunfisch und Tomaten
Zutaten für 4–8 Portionen:
1 Ciabatta-Brot
1 Dose Thunfisch in Wasser und Salz (Almare, Füllmenge 195 g, Abtropfgewicht 150 g)
2 EL Schmant (24% Fett, 200-g-Becher)
2 EL Zitronensaft (Citrovin oder frisch gepresst)
gemischte, getrocknete Salatkräuter (Mamsell)
2 EL Olivenöl (Lorena)
Salz, schwarzer Pfeffer

Das Brot schräg in 8 Scheiben schneiden und nebeneinander auf ein Backblech legen. Im vorgeheizten Backofen bei 220 Grad in etwa 3 Minuten leicht braun rösten. Inzwischen den abgetropften Thunfisch mit Schmant und Zitronensaft pürieren. Mit Kräutern und Öl mischen, mit Salz und Pfeffer abschmecken und auf den lauwarm abgekühlten Brotscheiben verteilen. Sofort servieren.

✻ *Tipp*
Die Thunfischcreme können Sie vorbereiten und zugedeckt im Kühlschrank etwa 6 Stunden aufbewahren. Das Brot muss frisch geröstet werden.

Spanische Tortillaschnittchen
Zutaten für 4–6 Portionen:
4 frische Eier aus Freilandhaltung
(Gewichtsklasse M oder L)
1 EL getrocknetes Suppengewürz (Lachende Köchin)
1 EL getrocknete Petersilie (Mamsell)
3 mittelgroße Kartoffeln (festkochende Sorte)
1 Zwiebel
5 EL Olivenöl (Lorena)
Salz, schwarzer Pfeffer

Die Eier mit Suppengewürz und Petersilie verquirlen und zugedeckt in den Kühlschrank stellen. Die Kartoffeln schälen, waschen, auf dem Gurkenhobel in dünne Scheiben hobeln und mit Küchenpapier trocken tupfen. Zwiebel abziehen und fein zerkleinern. Das Öl in einer großen Pfanne erhitzen. Kartoffelscheiben und die Zwiebel darin verteilen, mit Salz und Pfeffer würzen und bei schwacher Hitze unter häufigem Wenden in etwa 10 Minuten weich braten. Die Eiermischung darüber gießen. Bei schwacher Hitze braten, bis die Eier an der Unterseite gestockt sind. Die Tortilla mit dem Pfannenmesser lösen und auf einen großen Teller schieben. Einen zweiten Teller darüber legen, alles umdrehen und die Tortilla so gewendet wieder in die Pfanne schieben. Weitere 5 Minuten braten. Wie eine Torte in Stücke teilen und lauwarm oder kalt servieren.

Blätterteigrolle mit Schafskäse und Spinat

Zutaten für 10 Stück:

1 Pckg. Rahmspinat (Gartenkrone; TK-Ware, 450 g)
1 Paket Feta-Käse (Devina, 45% Fett i.Tr., 200 g)
1 Pckg. frischer Blätterteig (Welwalka, 250 g)
Salz, schwarzer Pfeffer
1/4–1/2 TL Paprika edelsüß
1/4 Becher Schmant (24% Fett, 200 g)

Den Spinat auftauen lassen. Den Feta-Käse fein zerkrümeln. Den Blätterteig auf der Arbeitsfläche ausbreiten. Den Spinat darauf verteilen, mit dem Käse bestreuen, mit Salz, Pfeffer und dem Paprika würzen. Den Blätterteig aufrollen und auf ein Backblech legen. Mit dem Schmant bestreichen. In den vorgeheizten Backofen schieben und bei 180 Grad etwa 35 Minuten backen. Abkühlen lassen und mit einem Messer mit Sägeschliff schräg aufschneiden.

Brotsalat aus der Toskana

Zutaten für 4–6 Portionen:

1 Ciabatta-Brot
2 Zwiebeln
1 Knoblauchzehe
4 EL Olivenöl (Lorena)
1 TL getrocknete 8-Kräuter-Mischung (Mamsell)
1/4 l Gemüsebrühe (Instant)
3 EL Weißweinessig (Burgmarke)
750 g Tomaten
3 EL Kapern
Salz, schwarzer Pfeffer

Das Brot in Scheiben schneiden und mittelbraun toasten. Abkühlen lassen und würfeln. Die Zwiebel und den Knoblauch abziehen und in dünne Scheiben schneiden. In 1 Esslöffel Olivenöl goldgelb braten. Kräuter, Gemüsebrühe und Essig zugeben, den Bratfond lösen. Alles aufkochen und zugedeckt bei schwacher Hitze 10 Minuten ziehen lassen. Lauwarm abgekühlt über das Brot gießen. Die Tomaten waschen, abtrocknen und würfeln, Stielansätze dabei entfernen. Mit den Kapern und dem restlichen Öl unter das Brot mischen. Salat mit Salz und Pfeffer kräftig abschmecken.

Mehr Jod

Unsere Schilddrüse braucht dieses Spurenelement zur Bildung von Hormonen, die körpereigene Abwehr im Kampf gegen freie Radikale: die weißen Blutkörperchen können nur mit Jod ihre wichtige Funktion als »Schadstoffkiller« erfüllen. Doch an Jod herrscht Mangel – manchmal deutlich sichtbar am Kropf, oft fühlbar an konstanter Antriebsschwäche. Die Unterversorgung mit Jod stellt weltweit ein Problem dar. Nur in Küstenregionen mit fischreicher Ernährung und jodhaltiger Luft ist die Versorgung sicher. Speisesalz mit Jodzusatz oder Brot mit jodiertem Salz liefern leider auch nicht genug. Oder verlagern das Problem: Wer zu viel Salz isst, lebt nicht gesund. Auch jodreiche Gemüse wie Brokkoli, Möhren, Rettich, Radieschen und Weißkohl können die Jodversorgung nicht ganz übernehmen. Das gilt auch für Trockenobst und Milch – wir können damit ergänzen, aber nicht so viel davon essen, dass unsere Jodspeicher immer wohl gefüllt sind. Deshalb raten Ernährungswissenschaftler regelmäßig zu Fisch oder Meeresfrüchten – einmal pro Woche, wenn Sie wenig von den oben genannten jodreichen Pflanzen essen, einmal pro Monat, wenn Sie sich vorwiegend vegetarisch ernähren.

Calamares mit Pilzen
Zutaten für 4–6 Portionen:
8 Riesenchampignons
2 Knoblauchzehen
4 EL Olivenöl (Lorena)
1 EL getrocknete 8-Kräuter-Mischung (Mamsell)
2 TL Zitronensaft (Citrovin oder frisch gepresst)
Salz, schwarzer Pfeffer
1 unbehandelte Zitrone
1 Pckg. Calamares à la Romana (TK-Ware, 500 g)

Die Champignons mit einem feuchten Tuch abwischen und in Scheiben schneiden. Zwiebel und Knoblauch abziehen und fein zerkleinern. Das Öl in einer Pfanne erhitzen. Zuerst Zwiebel und Knoblauch darin glasig braten. Pilze und Kräuter zugeben und bei starker Hitze unter ständigem Wenden braten, bis die Pilze gebräunt sind. Mit Salz und Pfeffer würzen und auf einer vorgewärmten Platte warm halten. Das restliche Öl in der Pfanne erhitzen. Die abgetropften Tintenfischstücke darin bei mittlerer Hitze knapp fünf Minuten unter ständigem Rühren braten. Die Marinade und die Pilze zugeben, alles mit Zitronensaft, Salz und Pfeffer abschmecken, auf Portionstellern verteilen und abkühlen lassen. Die Calamares nach Packungsaufschrift zubereiten und heiß neben den Pilzen anrichten. Die Zitrone waschen, trocknen, in Spalten schneiden und dazu servieren

✻ *Tipp*
Das ist ein jodreiches Essen – so gut kann Gesundheit schmecken! Als leichter Imbiss reichen die Tintenfischlein mit Pilzen für 6, als Hauptgericht werden nur 4 Leute davon satt. Dazu passen Ciabatta und bunt gemischter Salat.

Scharfe Krabben mit Knoblauch und Zitrone
Zutaten für 4 Portionen:
3 Pckgn. Krabben (TK-Ware, 100 g)
4 Peperoni scharf (Glas, Abtropfgewicht 165 g)
8 Knoblauchzehen
1 Bund Petersilie
1 unbehandelte Zitronen
8 EL Olivenöl (Lorena)

Die Krabben kalt abspülen und trocken tupfen. Die Peperoni abtropfen lassen. Den Knoblauch abziehen und in dünne Scheiben schneiden. Die Petersilie waschen, trocknen, die Blättchen abzupfen und grob hacken. Die Zitrone heiß abspülen, abtrocknen und in Spalten schneiden. Das Öl in einer Pfanne erhitzen. Peperoni und Knoblauch darin bei mittlerer Hitze unter Rühren etwa zwei Minuten braten. Krabben zugeben und unter ständigem Rühren knapp 1 Minute braten, bis sie rosa sind. Petersilie, den ausgepressten Saft von einer Zitronenspalte, Salz und Pfeffer untermischen.

Bei offensichtlichen Jodmangelsymptomen wie ständiger Müdigkeit, langanhaltender und besonders starker Monatsblutung, bei steter Gewichtszunahme, obwohl man seine Ernährung nicht verändert hat und/oder depressiven Verstimmungen, die aufgrund der Lebensumstände nicht zu erklären sind, müssen Sie zum Arzt gehen – Jodzufuhr durch die gezielte Lebensmittelauswahl allein hilft hier nicht mehr.

Lachsfilets mit Knoblauch und Tomaten

Zutaten für 4 Portionen:

1 Pckg. Lachsfilets (Aqua; TK-Ware, 250 g)
1 Dose geschälte Tomaten (Happy Harvest, 400 g)
2 Knoblauchzehen
2 EL getrocknete 8-Kräuter-Mischung (Mamsell)
2 EL Balsamico-Essig (Cucina)
4 EL Olivenöl (Lorena)
Salz, schwarzer Pfeffer
1 unbehandelte Zitrone

Die Fischfilets kalt abspülen und trocken tupfen. Jedes Filet halbieren und alle nebeneinander in eine gefettete flache Gratinform legen. Die Tomaten mit der Flüssigkeit in eine Schüssel geben und mit einer Gabel grob zerdrücken. Die Knoblauchzehen abziehen und zerkleinern. Mit den Kräutern, dem Essig und dem Olivenöl zu den Tomaten geben, alles mit Salz und Pfeffer würzen und über den Fischstücken verteilen. Ein Stück Alufolie über die Form legen. Fisch in den vorgeheizten Backofen schieben und bei 200 Grad etwa 15 Minuten garen. Mit frisch aufgebackenen Ciabatta-Brötchen oder Reis und Salat servieren.

Spaghetti mit Lachs
Zutaten für 4 Portionen:
1/2 Pckg. Lachsfilets (Aqua; TK-Ware, 250 g)
1 kleine Zwiebel
1 EL Olivenöl (Lorena)
1 EL Italienisches Tomatenmark (200-g-Tube)
1/8 l trockener italienischer Weißwein (z. B. Soave) oder
1 EL Weinbrand (Comte de St. Maurice) oder Cognac (Arc Royal)
1 1/2 Becher Schlagsahne (30 %, 200 g)
1 TL getrocknete Petersilie (Mamsell)
Salz, schwarzer Pfeffer
500 g Spaghetti (Alino)

Den Lachs mit einem scharfen Messer der Länge nach halbieren und quer in fingerbreite Streifen schneiden. Die Zwiebel abziehen, fein zerkleinern und im heißen Öl bei schwacher Hitze glasig braten. Tomatenmark, Wein und Weinbrand oder Cognac zugeben und bei starker Hitze einkochen lassen. Die Sahne nach und nach zugießen und ebenfalls einkochen lassen. Die Spaghetti in reichlich Salzwasser bissfest kochen. Inzwischen den Lachs in die Sahnesauce legen und etwa 1 Minute darin ziehen, aber nicht kochen lassen. Die Spaghetti abgießen und gut abgetropft mit der Lachssahne mischen. Sofort auf vorgewärmten Tellern servieren.

Italien bei ALDI

Peperoni, die italienischen Verwandten der Paprikaschote, gibt es im Glas eingelegt. Die etwa fingerlangen, fleischigen Schoten schmecken scharf, aber nicht so brennend »hot«, wie Sie es vielleicht von asiatischen Gerichten kennen. Peperoni nimmt man als Pizzabelag oder isst sie mit italienischem Schinken, Mozzeralla und Mortadella zum selbst gebackenen Brot mit Pistazien (Rezept Seite 162).

Parmesan ist der wichtigste und traditionsreichste italienische Käse. Man isst ihn frisch zu Ciabatta – allerdings nicht in Scheiben geschnitten, sondern in kleinen Stückchen. Frisch gerieben streut man ihn über Minestrone (Rezept Seite 164) und natürlich über alle Nudelgerichte mit Ausnahme von Fisch, Krabben und anderen Meeresfrüchten. Zum Überbacken auf Lasagne und Cannelloni, Spaghetti-Auflauf (Rezept Seite 173) und Gnocchi-Gratin (Rezept Seite 165) kombinieren Sie ihn mit weichem Mozzarella, damit die Kruste zart wird.
Mozzarella, vollfetter Weichkäse, ursprünglich aus Büffelmilch, wird aufgrund der großen Nachfrage nun vorwiegend aus Kuhmilch hergestellt. Der Käse schmilzt sehr leicht – ideal für Pizza und Lasagne. Bei ALDI gibt es ihn als 125-Gramm-Kugeln in der Kühltheke. Kuh-Mozzarella nimmt man vorwiegend zum Gratinieren.
Balsamessig liegt seit Jahren im Gourmet-Trend – kein Wunder, denn der fein-süße milde Essig würzt Salate, Suppen, Fleisch, Geflügel, Fisch und sogar Obst so köstlich und dabei so gesund, wie es sonst nur dem hoch gepriesenen Apfelessig gelingt. Früher nur als dunkler Essig erhältlich, gibt es ihn nun auch klar – gut für helle Saucen und Suppen. Im Geschmack unterscheiden sich die beiden Varianten kaum – der helle schmeckt gewöhnlich noch etwas milder als der dunkle. Zwei Balsamico-Rezepte finden Sie ab Seite 163.

Brotfladen mit Pistazien

Zutaten für 16 Stücke:
1/2 Pckg. Backmischung für Kartoffelbrot (Mühlengold, 2 Brote je 750 g)
Mehl zum Formen
Fett für die Bleche
1 Beutel Kalifornische Pistazien, geröstet und gesalzen (250 g)
12 EL Olivenöl (Lorena)

Den Teig nach Packungsaufschrift zubereiten und gehen lassen. Die Pistazienkerne grob hacken. Den Teig in 16 Portionen teilen. Jede Portion noch einmal kräftig durchkneten und dabei mit den Pistazienkernen verkneten. Die Teigportionen zu runden Fladen formen und auf gefettete Backbleche legen. Mit Olivenöl bestreichen und zugedeckt erneut gehen lassen. Die Bleche nacheinander in den vorgeheizten Backofen schieben und die Brotfladen bei 220 Grad etwa 20 Minuten backen.

Süditalienische Gerichte zeigen noch den Einfluss der alten arabischen Küche, die auch Pikantes oft mit Honig würzte.

Hähnchenbrust mit Balsamessig-Sauce
Zutaten für 4 Portionen:
1 mittelgroße Zwiebel
2 Knoblauchzehen
1/8 l trockener Weißwein (Soave)
2 EL Balsamico-Essig (Cucina)
3 EL Orangensaft
1 EL Honig
Salz, schwarzer Pfeffer
1 Pckg. Hähnchenbrustfilets
(Gut Weißenhaus, TK-Ware; 600 g)
2 EL Olivenöl (Lorena)
1 EL getrocknete Petersilie
Zitronensaft zum Abschmecken

Die Zwiebel und den Knoblauch abziehen und fein zerkleinern. Mit Wein, Essig, Orangensaft, Honig, Salz und Pfeffer zu einer Marinade vermischen. Die Hähnchenbrustfilets darin wenden und zugedeckt etwa 3 Stunden im Kühlschrank durchziehen und dabei auftauen lassen. Das Fleisch aus der Marinade nehmen und trocken tupfen. Das Öl in einer Alu-Pfanne erhitzen.

Das Fleisch darin auf beiden Seiten kräftig braun anbraten. Zugedeckt bei schwacher Hitze etwa 5 Minuten schmoren. Herausnehmen und auf einer vorgewärmten Platte warm halten. Marinade ins Bratöl geben und kurz aufkochen. Nach Wunsch sämig einkochen lassen. Petersilie untermischen. Die Sauce mit Salz, Pfeffer und Zitronensaft abschmecken und um das Fleisch gießen. Dazu passt Ciabatta-Brot oder Reis.

✻ *Tipp*
Hähnchenfleisch ist gar, wenn beim Einstechen mit einer Messerspitze nur noch klarer Saft aus dem Fleisch fließt.

Minestrone
Zutaten für 6 Portionen:
2 Möhren
1 Zwiebel
1 Knoblauchzehe
2 Dosen geschälte Tomaten (Happy Harvest, 400 g)
1 Dose Rote Kidney-Bohnen (Bill Collins, 400 g)
1 Pckg. Pfannengemüse, italienisch
(Gartenkrone; TK-Ware, 750 g)
3 EL Olivenöl (Lorena)
1 1/2 l Gemüsebrühe (Instant)
75 g Penne-Nudeln (Alini, 500-g-Beutel)
Salz, schwarzer Pfeffer
1 EL getrocknete 8-Kräuter-Mischung (Mamsell)
100 g Parmesan-Käse

Die Möhren schälen und in kleine Würfel schneiden. Die Zwiebel und den Knoblauch schälen und fein zerkleinern. Die Tomaten in der Flüssigkeit grob zerschneiden. Die Bohnen auf einem Sieb kalt abspülen. Das Olivenöl in einem großen Topf erhitzen. Die Möhren, die Zwiebel und den Knoblauch darin bei schwacher Hitze glasig braten. Das Pfannengemüse und die Gemüsebrühe zugeben und einmal kräftig aufkochen. Die Nudeln zugeben und erneut aufkochen. Zugedeckt bei schwacher bis mittlerer Hitze 5 bis 7 Minuten garen, bis die Nudeln halb weich sind. Die Bohnen, die Tomaten und die Kräuter untermischen und noch einmal kräftig aufkochen. Die Suppe mit Salz und Pfeffer abschmecken. Den Parmesan-Käse fein reiben und dazu servieren.

Gnocchi-Gratin mit Spinat
Zutaten für 4 Portionen:
1 Pckg. Rahmspinat (Gartenkrone; TK-Ware, 450 g)
1 Paket frische Gnocchi (Primana, 500 g)
Salz
1 Glas Pesto alla Genovese (Cucina, 212 g)
2 EL Olivenöl (Lorena)
50 g Parmesan-Käse
2 Pckgn. Mozzarella (Valfiorita, 125 g)
schwarzer Pfeffer

Den Spinat auftauen lassen. Gnocchi nach Packungsaufschrift in Salzwasser mit 1 Teelöffel Öl garen; dabei die angegebene Kochzeit um 2 Minuten verkürzen. Den Parmesan-Käse reiben, den Mozzarella abtropfen lassen und in kleine Würfel schneiden. Den Spinat mit dem Pesto und den abgetropften heißen Gnocchi vermischen. Alles in eine flache Gratinform geben, mit Salz und Pfeffer würzen, mit dem Parmesan bestreuen und mit dem Mozzarella belegen. Gratin in den vorgeheizten Backofen stellen und bei 200 Grad etwa 15 Minuten überbacken.

Tomaten, Knoblauch, Olivenöl

Das Gesundheitstrio für Gourmets ist so eng mit der mediterranen Küche verbunden, dass man mindestens eines dieser Lebensmittel in jedem Gericht findet – ob aus Spanien, Italien oder Griechenland, den Mittelmeer-Inseln oder der Türkei, Nordafrika oder dem Nahen Osten.

Tomaten sind ein »junges Gemüse«: Das erste bekannte Rezept für Pasta con sugo di pomodori (Nudeln mit Tomatensauce) soll vom italienischen Küchenchef Leonardi um 1760 aufgeschrieben worden sein. Knapp 20 Jahre davor hatten Wissenschaftler die Genießbarkeit der Frucht aus der Neuen Welt bestätigt, und erst um das Jahr 1780 wurden Tomaten auch außerhalb Italiens als mögliche Nahrungspflanzen akzeptiert. Seither haben die »Paradiesäpfel« kulinarisch Karriere gemacht, und mittlerweile sind sie aufgrund der großen Nachfrage so preiswert wie nie zuvor. Die Sortenvielfalt hat sich verkleinert – wir haben inzwischen nicht mehr die Qual der Wahl, sondern kriegen die roten Gemüsefrüchte rumd ums Jahr in gleichbleibender Qualität. Greifen Sie ruhig auch zu Dosenware und Püree aus dem Karton – die Tomaten reifen in der prallen südlichen Sonne und kommen nach der Ernte sofort in die Verpackung. In der Dose sind die ganzen Früchte fix und fertig geschält, im Karton bereits passiert und genau richtig für Suppen und Saucen.

Tomaten gehören zu den gesündesten Lebensmitteln: reich an zellschützenden Karotinoiden, verteidigen sie unser Immunsystem gewissermaßen von außen. Die Substanzen greifen an, sobald »Feinde« in unseren Organismus einzudringen versuchen. Damit werden tiefere Gewebeschichten besser vor Schadstoffen geschützt. Besonders wirksam sind diese Karotinoide in gegarten Tomaten, während Sie Vitamin C gegen Infektionen aus den rohen Früchten aufnehmen. Also: Tomaten abwechselnd roh und gekocht essen, frisch oder konserviert kaufen.

Knoblauch ist ein ähnlich wirksames Gesundheitspaket, und Sie sollten ihn deshalb täglich essen. Knoblauch schützt Herz und Gefäße, regt die Verdauung an und hält die Darmflora gesund. Wie alle Zwiebelgewächse liefert Knoblauch natürliche Antibiotika, die in der Mundhöhle und im Verdauungstrakt gegen Pilze und Bakterien kämpfen. Wer Probleme mit dem Fettstoffwechsel, mit Bluthochdruck oder mit seinen Venen hat, wer mit hartnäckigen Pilzinfektionen kämpft, sollte ihn sogar knollenweise verspeisen. Die mediterrane Küche bietet Ihnen dafür die besten Rezepte.

Olivenöl, gewonnen aus den Früchten der Olivenbaumes, gehört zu den traditionsreichsten und – wie man durch umfassende Studien weiß – zu den gesündesten Ölsorten. Es besteht zum größten Teil aus Ölsäure, einer einfach ungesättigten Fettsäure. Sie sorgt für gesunde Blutgefäße, ein starkes Herz und einen ausgewogenen Cholesterinspiegel. Charakteristische Aromastoffe in Olivenöl wirken gegen Entzündungen und senken das Thromboserisiko. Vielleicht bietet das »heilige Öl« sogar Schutz vor Brustkrebs und Tumoren im Magen- und Darmbereich. Entsprechende Untersuchungen laufen derzeit noch. Sicher aber ist inzwischen, dass Olivenöl – wie Tomaten – freie Radikale abfangen und so die körpereigene Abwehr stabilisieren kann. Das sind sicher genügend Gründe, Olivenöl als Fettfavoriten auf Ihren Speisezettel zu setzen. Immerhin können Sie es für alle Zubereitungsarten verwenden: roh für Salate und Rohkost, zum Dünsten, Schmoren, Braten und sogar zum kurzen Frittieren.

Der Olivenbaum war den Menschen heilig, seine Zweige galten als Symbol des Friedens wie auch des Sieges: Die Taube, die Noah aussandte, kehrte mit einem Olivenzweig im Schnabel zurück – Zeichen, dass die Sintflut beendet und Jahwe bereit war, Frieden mit den Menschen zu schließen. Im Koran ist der Zweig Sinnbild göttlichen Segens. Auch die antiken olympischen Sieger wurden mit einem Olivenzweig geehrt.

Fast Food vom Feinsten

In Italien versteht man es prächtig, Gekauftes mit Selbstgemachtem harmonisch zu kombinieren. Vorab ein paar Tipps; ausführlichere Rezepte gibt's danach:

- TUC-Vollkorn-Cräcker mit Original italienischem Schinken belegen und zu eisgekühltem Prosecco pur oder mit Orangensaft gemischt servieren.
- Ciabatta-Brötchen halbieren, im Ofen rösten, mit Knoblauchzehen einreiben und mit Olivenöl beträufeln.
- Gnocchi aus der Kühltheke garen, mit Tomatensauce (Lachende Köchin) und frisch geriebenem Parmesan oder Emmentaler anrichten.
- Hühnersuppe aus der Packung kochen, darin Fleischtortelloni (Primana) aus der Kühltheke garen.

Tomaten mit Schafskäse

Zutaten für 4 Portionen:

1 kg Tomaten
2 EL getrocknete 8-Kräuter-Mischung (Mamsell)
1 Paket Feta-Käse (Devina, 45% Fett i. Tr., 200 g)
Salz, schwarzer Pfeffer
6 EL Olivenöl (Lorena)

Die Tomaten waschen und in dicke Scheiben schneiden. Mit den Kräutern in einer großen, flachen Gratinform verteilen, mit wenig Salz und reichlich Pfeffer aus der Mühle würzen. Den Schafskäse zerbröckeln, darüber streuen und mit dem Öl beträufeln. Das ganze in den vorgeheizten Backofen schieben und bei 200 Grad etwa 20 Minuten backen, bis die Kruste leicht braun ist. Dazu: Weißbrot.

Ravioli mit Gemüse und Pesto
Zutaten für 4 Portionen:
1 Pckg. Ravioli funghi (Cucina, 250 g)
Salz
1 Pckg. Pfannengemüse, italienisch
(Gartenkrone; TK-Ware, 750 g)
1 Glas Pesto alla Genovese (Cucina, 212 g)

Die Ravioli und das Gemüse getrennt nach Packungsaufschrift zubereiten. Pesto in einer großen Schüssel mit 2 EL Kochwasser der Ravioli verrühren. Abgetropfte Ravioli und Gemüse zugeben, alles mischen und sofort servieren.

Gnocchi mit Gemüse
Zutaten für 4 Portionen:
2 Beutel Gnocchi (Primana, 500 g)
Salz
2 Pckgn. Buttergemüse (Gartenkrone; TK-Ware, 300 g)
1 Pckg. H-Sahne (Milfina, 200 g)
1 EL getrockneter Schnittlauch (Mamsell)
50–100 g Parmesan-Käse

Die Gnocchi und das Buttergemüse getrennt nach Packungsaufschrift garen. Gnocchi abgießen, mit Sahne und Schnittlauch mischen und zum Gemüse geben. Noch einmal kurz mischen und auf vorgewärmten Tellern anrichten. Mit dem frisch geriebenen Parmesan bestreut servieren.

* *Tipp*
Sie haben sich nicht verlesen: Als vegetarisches Hauptgericht schaffen 4 Personen 1 kg frische Gnocchi mit Gemüse leicht. Bei Nudeln, Ravioli und Tortellini rechnet man ja die getrockneten Teigwaren, die im Wasser noch aufquellen. Bei den Gnocchi aus der Kühltheke ist das nicht der Fall.

Spaghetti mit Tomatensauce und Gemüsesalat
Zutaten für 3 Portionen:
1/2 Paket Kaisergemüse (Gartenkrone; TK-Ware, ca. 400 g)
Salz
1 EL Weißweinessig (Burgmarke)
1 EL gemischte, getrocknete Salatkräuter (Mamsell)
1 EL Kalifornische Pistazien, geröstet und gesalzen
weißer Pfeffer und Zitronensaft zum Abschmecken
1 Pckg. Spaghetti-Fertiggericht mit würziger Tomatensauce (Primana)

Das Gemüse in wenig Wasser mit etwas Salz gerade eben bissfest kochen. Abgießen, Kochsud auffangen und das Gemüse in einer Schüssel lauwarm abkühlen lassen. Den Kochsud mit den Salatkräutern, Senf, Essig und Öl verrühren. Das Gemüse damit mischen, mit Pfeffer und Zitronensaft abschmecken. Die Pistazien mittelfein hacken und über den Gemüsesalat streuen. Nudeln mit der Sauce nach Packungsaufschrift zubereiten und auf gut vorgewärmten Tellern anrichten.

Zugreifen bei Kräutern

»Die Natur ist der Krankheiten Arzt«, lehrte der griechische Arzt Hippokrates, der berühmteste Mediziner der Antike (460–377 v. Chr.) und nahm etwa 200 Heilpflanzen in seine Schriften auf. Die meisten davon waren Kräuter; Pflanzen, in denen sich die Wirkstoffe so konzentrieren, waren zum Essen einfach zu kostbar und boten sich als Arzneien geradezu an. Das hat sich im Lauf der Zeit geändert – wir holen uns die Kräuter in die Küche. Verwenden Sie das würzige Grün so oft wie möglich frisch, tiefgefroren oder getrocknet. Denn Kräuter wirken höchst vielfältig, und das sollten wir uns jeden Tag zunutze machen.

Basilikum stärkt Magen und Darm und lindert Blähungen.

Dill, eines der Vitamin-C-reichen Kräuter, beruhigt die Nerven und schenkt reinen Atem.

Gartenkresse ist als reiche Vitamin- und Mineralstoffquelle ideal für die gemüse- und kräuterarme Winterzeit. Wegen ihrer beachtlichen Mengen an Vitamin C war sie früher ein gefragtes Mittel gegen Skorbut. Der hohe Eisengehalt regt die Blutbildung an und macht munter. Ihre scharfen Senföle wirken gegen Pilzinfektionen im Körper, ihre Bitterstoffe regen den Gallenfluss an und helfen so bei der Verdauung. Vermutlich enthält Kresse auch wirksame Stoffe gegen krebserregende Substanzen.

Die **Petersilie** mit ihrem großen Gehalt an Kalium, Kalzium, Magnesium, Eisen und Phosphor gehört zu den äußerst mineralstoffreichen Pflanzen, die zum Beispiel für den Zellaufbau, die Energiegewinnung aus der Nahrung, den gesunden Wasserhaushalt im Körper und die Blutbildung sorgen. Außerdem ist sie reich an Vitamin C – bester Schutz für unser Immunsystem.

Oregano und **Rosmarin** sind die idealen Kräuter für fettes Fleisch und schwerer verdauliches Essen wie Pilze und Hülsenfrüchte. Denn beide regen die Durchblutung an, fördern die Verdauung und lösen Krämpfe.

Ähnliches gilt für **Salbei** und **Thymian**: Ihre Bitterstoffe lassen die Galle reichlich fließen, sodass man Fettes besser verträgt.

Gesunde Scharfmacher

Paprika – frisch oder als Pulver – enthält Capsaicin, den Wirkstoff gegen Darmbakterien. Außerdem liefert er eine Menge Vitamin C: scharfer Rosenpaprika etwa 30 Milligramm pro 100 Gramm, der milde, edelsüße Paprika, den man esslöffelweise verwenden kann, sogar 100 mg pro 100 Gramm. Das ist doppelt so viel, wie Orangen enthalten.

Pfeffer mit dem Wirkstoff Piperin regt den Speichelfluss an und unterstützt so die Verdauung von kohlenhydratreichem Mittelmeer-Essen. Nach der Mahlzeit entlastet es den Kreislauf. Außerdem hilft es bei Erkältungen, weil es den Schweiß treibt, das Fieber senkt und gegen Entzündungen wirkt. Ein altes Hausmittel zur Grippezeit: ein Glas heiße Milch mit Honig und Pfeffer.

Paprikaschoten mit Schafskäse

Zutaten für 4 Portionen:

1 Kochbeutel Reis (4 x 125-g-Pckg.)
1 Zwiebel
1 EL Olivenöl (Lorena)
2 EL getrocknete 8-Kräuter-Mischung (Mamsell)
Salz, schwarzer Pfeffer
1 TL Paprika edelsüß
4 große rote Paprikaschoten
1 Paket Feta-Käse (Devina, 45% Fett i. Tr., 200 g)
3–4 Peperoni scharf (Glas; Abtropfgewicht 165 g)
1 Pckg. Passierte Tomaten (Ciccio, 500 g)

Den Reis nach Packungsaufschrift kochen, dabei aber etwa 3 Minuten Garzeit abziehen, damit er nicht ganz weich ist. Die Zwiebel im heißen Olivenöl bei schwacher Hitze glasig braten. Die Kräuter untermischen. Den abgetropften Reis, Salz, Pfeffer und Paprika zugeben und alles kurz mischen. In eine Schüssel geben und lauwarm abkühlen lassen. Die Paprikaschoten waschen, abtrocknen und längs halbieren, die Trennwände und Kerne herausschneiden. Den Feta-Käse in kleine Würfel, die Peperoni in kleine Stücke schneiden. Beide Zutaten sowie 2 Esslöffel passierte Tomatenmasse mit dem Reis mischen und in die Paprikahälften füllen. Die restliche Tomaten auf dem Boden einer gefetteten Auflaufform verteilen. Mit Salz und Pfeffer kräftig würzen. Die gefüllten Paprikaschoten darauf setzen. Die Schoten in den vorgeheizten Backofen stellen und bei 180 Grad etwa 45 Minuten backen. Dazu: Ciabatta-Brötchen und eventuell Salat.

Spaghetti-Auflauf

Zutaten für 4 Portionen:

1 Pckg. Spaghetti-Fertiggericht mit quattro formaggi (Primana)
Salz
250 g Milch (Milfina, 3,5 %)
2 EL getrocknetes Suppengewürz (Lachende Köchin)
1 Dose Champignonstücke (170 g Abtropfgewicht)
weißer Pfeffer, geriebene Muskatnuss
1 TL Paprika edelsüß
Pflanzenfett für die Form
1/2 Beutel geriebener Emmentaler (Oberalp, 45% F.i.Tr., ca. 100 g)

Die Spaghetti in reichlich Salzwasser in etwa 6 Minuten knapp gar kochen. Inzwischen die Käsesauce mit der Milch nach Packungsaufschrift zubereiten. Suppengewürz und abgetropfte Champignons unterrühren. Spaghetti abgießen, abtropfen lassen und mit der heißen Käsesoße mischen. Mit Pfeffer, Muskat und Zitronensaft kräftig würzen und in eine gefettete flache Gratinform geben. Im vorgeheizten Backofen bei 200 Grad etwa 20 Minuten backen.

Noch ein Rezept aus Süditalien, wo man Wild süßsauer isst: Für die Würze sorgen getrocknete Früchte.

Hirschragout sizilianisch

Zutaten für 4 Portionen:

1 Pckg. Hirschedelgulasch (TK Eyckeler Malt, 500 g)
100 g geräucherter Bauchspeck (Gelderländer, 300-g-Pckg)
1 Zwiebel
2 EL Olivenöl (Lorena)
2 EL Italienisches Tomatenmark (200-g-Tube)
1/2 Pckg. Passierte Tomaten (Ciccio, 500 g)
1/4 l Klare delikate Brühe (Lachende Köchin)
1/8 l trockener italienischer Rotwein
Salz, schwarzer Pfeffer
1/2 Pckg. gewürfeltes Orangeat (La Perla, 100 g)
2 EL Sultaninen (Sweet Valley, 200-g-Beutel)
1 EL Zitronensaft (Citrovin oder frisch gepresst)
4 EL Balsamico-Essig (Cucina)
getrocknete Petersilie (Mamsell)

Das Fleisch auftauen lassen. Den Speck fein würfeln, die Zwiebel abziehen und fein zerkleinern. Das Öl in einem Schmortopf erhitzen. Das Fleisch trocken tupfen und portionsweise im heißen Öl bei starker bis mittlerer Hitze rundherum anbraten. Wieder herausnehmen und Speck und Zwiebel bei schwacher Hitze im Öl glasig braten. Zuerst Tomatenmark zugeben und kräftig anrösten. Dann die passierten Tomaten zufügen und unter Rühren den Bratfond damit lösen. Nach und nach etwa die halbe Menge Brühe zugießen und jeweils unter Rühren dick einkochen lassen. Den Wein zugießen, das Fleisch zugeben, mit Salz und Pfeffer würzen und einige Male umrühren. Die restliche Brühe zugießen, aufkochen und das Ragout zugedeckt bei schwacher Hitze 50 Minuten schmoren lassen. Danach Orangeat, Sultaninen und Zitronensaft zum Ragout geben und weitere 10 Minuten schmoren. Mit Balsamessig, Salz und Pfeffer abschmecken mit der Petersilie bestreut servieren. Dazu: Kartoffelpüree oder in der Pfanne gebackene Kartoffeln.

Eines der leichten Fleischgerichte aus Italien, die das Gemüse gleich mitliefern:

Rindersteaks mit Tomatensauce

Zutaten für 4 Portionen:

1 Pckg. Argentinische Rinder-Hüftsteaks (TK-Ware, natur, 400 g)
2 Zwiebeln
2 Knoblauchzehen
2 Dosen geschälte Tomaten (Happy Harvest, 400 g)
1 EL getrocknete 8-Kräuter-Mischung (Mamsell)
schwarzer Pfeffer
4 EL Olivenöl (Lorena)
Salz, 1 Prise Zucker

Die Steaks auftauen lassen. Zwiebeln und Knoblauch abziehen und fein hacken. Die Tomaten auf ein Sieb abgießen, den Saft auffangen. Die Tomaten in einer Schale zerdrücken und mit den Kräutern vermischen. Die Steaks trocken tupfen und mit Pfeffer würzen. Im heißen Öl bei starker Hitze pro Seite etwa 1 Minute kräftig anbraten. Bei mittlerer Hitze auf jeder Seite in etwa 4 Minuten innen rosa braten. Herausnehmen, salzen und warm halten. Tomatenmischung ins Bratöl geben und bei starker Hitze unter Rühren kräftig schmoren. Dabei nach und nach Tomatensaft zugeben und kochen, bis die Sauce sämig ist. Mit Salz, Pfeffer und Zucker abschmecken.

Ein Nudelessen aus der norditalienischen Küche, das mit Tomatensalat besonders gut schmeckt:

Nudeln mit Ei und Pilzen

Zutaten für 4 Portionen:

25 g getrocknete Mischpilze (100-g-Dose)
1 große Zwiebel
50 g geräucherter Bauchspeck (Gelderländer, 300-g-Pckg.)
1 EL Olivenöl (Lorena)
1 Pckg. Spiralen-Nudeln (Alino, 500 g)
Salz
1 Pckg. H-Sahne (Milfina, 200 g)
2 frische Eier aus Freilandhaltung (Gewichtsklasse M)
schwarzer Pfeffer
1 EL getrocknete Petersilie (Mamsell)

Die Pilze auf einem Sieb gut abspülen und in 1/8 l heißem Wasser 2 Stunden einweichen. Aus dem Einweichwasser nehmen (das Wasser für die Sauce beiseite stellen), erneut abspülen und abtropfen lassen. Die Zwiebel abziehen und fein zerkleinern. Den Speck in kleine Würfel schneiden. Das Öl in einer Pfanne erhitzen, Zwiebel und Speck darin bei mittlerer Hitze glasig braten. Die Pilze zugeben und bei mittlerer Hitze etwa zwei Minuten mitbraten. Einweichwasser zugeben, Bratfond damit lösen. Reichlich Wasser mit Salz in einem großen Topf zum Kochen bringen. Die Nudeln darin nach Packungsaufschrift gerade eben bissfest garen. Abgießen, kurz abtropfen lassen und zur Speckmischung in die Pfanne geben. Die Sahne in der Schüssel mit den Eiern, dem Salz, Pfeffer und Petersilie verquirlen und über die Nudeln gießen. Unter ständigem

Wenden erhitzen, bis die Nudeln gleichmäßig von der Pilz-Eier-Sauce überzogen sind. Auf vorgewärmten Portionstellern anrichten.

Provenzalischer Fenchelkuchen
Zutaten für 20 Stücke:
Teig:
1/2 Pckg. Backmischung für Weißbrot
(Mühlengold, 2 Brote je 750 g)
Belag:
700 g Fenchel
150 g geräucherter Bauchspeck (Gelderländer, 300-g-Pckg.)
2 Knoblauchzehen
2 EL Olivenöl (Lorena)
1 getrocknetes Suppengewürz (Lachende Köchin)
Salz, schwarzer Pfeffer
1 Beutel geriebener Emmentaler
(Oberalp, 45% Fett i.Tr., 200 g)
3/8 l Milch (Milfina, 3,5 %)
1 frisches Ei aus Freilandhaltung
1/2 Pckg. Passierte Tomaten (Ciccio, 500 g)
Fett für das Blech

Den Teig nach Packungsaufschrift zubereiten und gehen lassen. Den Fenchel halbieren, den Strunk herausschneiden, die Hälften waschen und quer zu den Fasern in dünne Scheiben schneiden. Den Bauchspeck in feine Streifen schneiden. Knoblauch abziehen und zerdrücken. Das Öl in einer Pfanne erhitzen, den Speck darin bei schwacher Hitze glasig braten. Fenchel und Knoblauch zugeben und unter Rühren bei starker bis mittlerer Hitze etwa 5 Minuten schmoren. Mit dem Suppengewürz, Salz und Pfeffer kräftig abschmecken und lauwarm abkühlen lassen. Den Käse mit Milch und Ei mischen. Mit Salz und Pfeffer würzen. Ein Backblech fetten, mit dem Teig auslegen. Zuerst den Fenchel, dann die passierten Tomaten und zum Schluss die Käsemischung darauf verteilen. Den Kuchen in den vorgeheizten Backofen schieben und bei 180 Grad etwa 40 Minuten backen. Lauwarm oder kalt servieren.

6. Kapitel

Die süße Lust

Wir Menschen teilen sie mit den meisten Säugetieren, bekanntlich auch mit Bienen und Wespen. Die einen mögen und schützen wir, weil sie uns mit einem unserer wichtigsten und ältesten Süßmittel beschenken: Honig. Die anderen finden wir lästig, weil sie uns beim sommerlichen Kuchenvergnügen umschwirren. Dabei ergeht es den meisten Lebewesen genau wie uns: Sie brauchen Süßes, weil der darin enthaltene Zucker für einen raschen Schub an Energie sorgt. Bei der ganz menschlichen Lust am Süßen spielen vermutlich auch angenehme Kindheitserinnerungen eine Rolle: Muttermilch schmeckt süß, Saugen macht Spaß, und die Sehnsucht nach beidem bindet uns lebenslang ans süße Glück.

Süßes und Gesundheit

In vernünftigen Maßen gegessen, schaden Zucker und Honig, Schokolade und Konfitüre nicht. Vor allem: Es hat überhaupt keinen Sinn, das Süße vom Speisezettel zu verbannen. Denn Verbotenes reizt erst recht, und man versucht es heimlich zu bekommen. Deshalb lenkt man den Hunger nach Süßem am besten schon bei Kindern in die richtige Bahn:

- Müsli (siehe Seiten 9–12) oder Vollkornbrot mit Honig morgens zum Frühstück;
- frisches Obst, Säfte, Joghurt und Quark mit Früchten vormittags und nachmittags als Imbiss;
- einmal pro Woche ein süßes Hauptgericht;
- zweimal pro Woche nach dem Mittagessen ein richtiges Dessert, sonst ebenfalls frisches Obst;
- am Wochenende selbst gebackener Kuchen.

So wird Süßes sinnvoll in die normale Ernährung eingebaut

und die Lust am Naschen zwischendurch gar nicht erst gefördert.

Kleine Honigkunde

Honig besteht vorwiegend aus Zuckermolekülen, die in Wasser gelöst sind. Dazu kommen organische Säuren und Mineralstoffe. Risikostoffe wie Cholesterin, Purine oder Umweltgifte kommen im Honig nicht vor. Und er hat noch weitere Vorteile: Honig schmeckt köstlich zu Obst und Milchprodukten, auf Vollkornbrötchen und zu Getreideflocken. Alle diese Lebensmittel enthalten bioaktive Pflanzenstoffe (siehe Seite 38, 129), die für die Gesundheit und zur Vorbeugung gegen Krankheiten eine große Rolle spielen. Sie liefern zudem reichlich komplexe Kohlenhydrate, Ballaststoffe, Vitamine und Mineralstoffe – Substanzen, die jedem anderen Süßmittel fehlen. Richtig kombiniert, kann Honig also durchaus unser Wohlbefinden steigern, und das nicht nur in kulinarischer Hinsicht.

Gut zu wissen

- Ein Löffel Honig im Joghurt liefert rasch Energie, wenn Sie sich schlapp fühlen.
- Der Zucker im Honig setzt Serotonin im Gehirn frei, das die Entspannung fördert. Ein Glas Milch oder Kräutertee mit Honig hilft beim Einschlafen.
- Spezialitäten-Honig mit kräftigem Aroma schmeckt sparsam dosiert am besten. So kann man sich an weniger Süßmittel gewöhnen.
- Honig enthält mehr Kalzium als Zucker.

Bananenwaffeln mit Honig

Für 4–5 Waffeln:

180 g Mehl
1 TL Vanillinzucker
1 Prise Salz
1 EL Backpulver
1 große reife Banane
2 TL Zitronensaft (Citrovin oder frisch gepresst)
2 frische Eier aus Freilandhaltung (Gewichtsklasse M)
3/8 l Milch (Milfina, 3,5 %; 375 ml)
125 ml Sonnenblumenöl (Bellasan)
Fett für das Waffeleisen
5 EL Honig

Das Mehl mit Vanillinzucker, Salz und Backpulver mischen. Die Banane mit dem Zitronensaft pürieren. Die Eier trennen. Die Eigelbe schaumig rühren. Nach und nach die Milch, das Bananenpüree und das Öl unterrühren. Eiweiß steif schlagen und auf den Teig geben. Die Mehlmischung darüber streuen und unterziehen. Die Backflächen des Waffeleisens fetten und nacheinander 4–5 Waffeln je 4 Minuten backen. Die fertigen Waffeln warm halten, bis der ganze Teig verbraucht ist und alle Waffeln gebacken sind. Die Waffeln mit dem Honig beträufelt servieren.

Eierkuchen mit Kirschfüllung
Zutaten für 4 Portionen:
100 g Mehl
1 Prise Salz
1/4 l Milch (Milfina, 3,5 %)
2 frische Eier aus Freilandhaltung (Gewichtsklasse M)
1/2 Becher Schlagsahne (30 %, 200 g) oder
1/2 Pckg. H-Sahne (Milfina, 200 g)
3 EL Bio Gourmet-Müsli mit Früchten (Knusperone, 375 g)
1–2 EL Honig
1 Glas Schattenmorellen entsteint, gezuckert
(Vogteier, Füllmenge 680 g, Abtropfgewicht 350 g)
Öl zum Backen

Mehl, Salz und Milch zu einem Teig verrühren, Eier darunter mischen. Den Teig zugedeckt ruhen lassen, bis die Füllung zubereitet ist. Die Sahne steif schlagen. Mit Müsli und Honig vermischen und zugedeckt bis zum Servieren in den Kühlschrank stellen. Die Schattenmorellen auf einem Sieb abtropfen lassen. Die Eierkuchen im Öl backen und jeweils warm halten. Zum Servieren mit Sahnemischung und Schattenmorellen füllen.

Bratäpfel mit Müslifüllung
Zutaten für 4 Portionen:
50 g Butter oder Sonnenblumenmargarine (Bellasan)
4 große säuerliche Äpfel
2 TL Aprikosenkonfitüre (Grandese, 450-g-Glas)
10 kalifornische Trockenpflaumen (Sunshine Fruit)
2 EL Sultaninen (Sweet Valley, 200-g-Beutel)
6 EL Bio Knusper-Müsli (Knusperone, 375-g-Beutel)
3 EL Zucker
1/2 TL Vanillinzucker
3 EL Spezialitäten-Honig
(z. B. Orangenblüten- oder Weißkleehonig)

Das Fett schmelzen, aber nicht bräunen. Die Äpfel waschen und abtrocknen. Kerngehäuse mit einem Ausstecher entfernen, dabei die Äpfel nicht ganz durchstechen, damit sie unten geschlossen sind. Die Öffnung mit einem kleinen spitzen Messer vergrößern, so dass man sie leichter füllen kann. Die Äpfel nebeneinander in eine flache Gratinform setzen und mit der Konfitüre füllen. Das herausgeschnittene Apfelfleisch und die Trockenpflaumen fein hacken. Mit Sultaninen, Müsli, 4 Esslöffel flüssigem Fett, 2 Esslöffel Zucker und dem Vanillinzucker mischen. Die Äpfel damit füllen. Das restliche Fett über die Äpfel geben, mit dem Rest des Zuckers bestreuen. Äpfel in den vorgeheizten Backofen schieben und bei 200 Grad etwa 25 Minuten backen. Mit Honig beträufeln und heiß mit Schlagsahne oder Vanilleeis servieren.

Statt Eis – Fast-Food süß

Wenn es schnell gehen soll mit einem feinen Dessert, kommt gewöhnlich Eis auf den Tisch. Versuchen Sie es mal mit ein paar neuen Rezeptideen.

Obstsuppe mit Beeren

Zutaten für 4 Portionen:
1 Pckg. Orangensaft (Premium, 750 ml)
2 gestrichene EL Speisestärke (Remiga)
1 Dose Ananas in Stücken
(Golden Pagoda, Füllmenge 565 g, Abtropfgewicht 340 g)
1/2 Pckg. Beeren-Mischung (Gartenkrone; TK-Ware, 750 g)
1 Beutel gehobelte Mandeln (Sweet Valley, 100 g)

Etwa 1/4 l Orangensaft mit der Speisestärke vermischen. Den restlichen Saft mit den Ananas einmal ganz kurz aufkochen. Stärkemischung einrühren und erneut aufkochen, bis die Suppe sämig ist. Beeren untermischen, die Suppe auf Tellern verteilen und mit den Mandeln bestreuen. Dazu: beliebige Kekse.

Beerensorbet

Zutaten für 4 Portionen:
1/2 Pckg. Beeren-Mischung (Gartenkrone; TK-Ware, 750 g)
1/8 l Multivitaminsaft
1/8 l Sekt oder Prosecco
1 EL Grand Marnier (Bitterorangenlikör)

Die gefrorenen Beeren mit dem Saft im Mixer oder Blitzhacker pürieren und in eisgekühlte hohe Gläser geben. Mit Sekt oder Prosecco aufgießen. Mit dem Grandmarnier beträufeln und sofort servieren.

✻ *Tipp*
Sie können auch ein alkoholfreies Sorbet mit weißem Fruchtsaft, Himbeersirup und Zitronenlimonade zubereiten.

ALDI-Beeren-Mischung aus der TK-Truhe

Sie enthält Heidelbeeren, Himbeeren, Sauerkirschen, Brombeeren, Erdbeeren, rote und schwarze Johannisbeeren. Alle Früchte tun eine Menge für Ihre Gesundheit: Brombeeren sind reicher an Ballaststoffen als andere Obstarten: Diese unverdaulichen Nahrungsteile werden im Darm von Bakterien verwertet und zu Substanzen mit sanft abführender Wirkung fermentiert. Außerdem gehören sie zu den Früchten mit ziemlich viel Eiweiß. Beeren enthalten viel Vitamin C; schwarze Johannisbeeren liegen damit sogar an der Spitze aller Obstarten. Und rote Johannisbeeren liefern immerhin dreimal so Vitamin C wie eine Orange. Für gesunde Schleimhäute sind Gerbstoffe in Heidelbeeren, Johannisbeeren und Himbeeren wichtig: Sie stoppen Entzündungen im Mund- und Rachenraum, pflegen außerdem einen gereizten oder gar entzündeten Darm. Gerbstoffe hemmen zudem die Vermehrung schädlicher Bakterien, sodass sich die angegriffene Schleimhaut rascher regeneriert. Der »Obst«-Ballaststoff Pektin kommt in den Beeren reichlich vor; er gehört zu den wichtigsten Regulatoren für einen gesunden Cholesterinspiegel. Pektin wirkt ebenfalls heilend auf den angegriffenen Darm.

Beerenauflauf

Zutaten für 4 Portionen:

1 EL Sonnenblumenmargarine (Bellasan)
1/2 Pckg. Beeren-Mischung (Gartenkrone; TK-Ware, 750 g)
1/4 l fettarme H-Milch (Milfina, 1,5 %)
175 g Mehl
4 frische Eier aus Freilandhaltung (Gewichtsklasse M)
1 Prise Salz
abgeriebene Zitronenschale
2 Becher Premium-Dessert Joghurt und Sahne Erdbeere (Gut Lohe, 125 g)

Margarine in eine ofenfeste Form mit niedrigem Rand geben und in den kalten Backofen schieben. Den Ofen auf 200 Grad schalten und die Margarine schmelzen lassen. Inzwischen Milch, Mehl, Eier, Salz und Zitronenschale verrühren. Den Teig in die Form gießen. Die gefrorenen Beeren darauf verteilen. Die Form wieder in den Backofen stellen und den Auflauf 30 Minuten backen. Den Joghurt in einer Schüssel mit einem Schneebesen schaumig schlagen. Den Auflauf aus dem Ofen nehmen, mit dem Joghurt übergießen und sofort servieren.

Noch mehr Beeren-Tipps

Getrocknete Heidelbeeren aus der Apotheke stoppen selbst hartnäckigen Durchfall.

Unverdünnter Himbeersaft macht bittere Arzneien süß, verdünnt stillt er den Durst bei fiebrigen Erkältungen.

Tee aus den Blättern von **Johannisbeeren** empfiehlt die Naturheilkunde bei Rheuma und Gelenkbeschwerden.

Schwarze Johannisbeeren enthalten ein Vitamin, das als Schutz vor Lungenentzündung gilt: Grund genug, schwarzen Johannisbeersaft bei schweren Erkältungen zu trinken.

Grießdessert mit Quark und Mandarinen

Zutaten für 4 Portionen:
1 Dose Mandarinen
(Lorado, Füllmenge 312 g, Abtropfgewicht 175 g)
1 Becher Magerquark (Milfina, 250 g)
1 Becher Feine Quarkcreme Pfirsich-Maracuja
(Royal, 200 g)
1 Becher Schlemmer Grießpudding mit Sahne
(Top fit, 175 g)
1 Pckg. gewürfeltes Orangeat (La Perla, 100 g)
4 Scheiben Zwieback

Die Mandarinen ohne den Saft auf Desserttellern verteilen. Den Magerquark mit dem Mandarinensaft glatt rühren. Mit einer Gabel das Orangeat, die Quarkcreme und den Grießpudding sowie die Fruchtzubereitung des Grießpuddings unterrühren. auf den Mandarinen verteilen. Den Zwieback fein zerbröseln und darüber streuen.

Gut zum Süßen – Bio-Müsli von ALDI

Mit Bio-Knuspermüsli können Sie Obstgratin und Bratäpfel zubereiten, Sie können Kuchenbelag, Obstpie und Creme für Tortenfüllungen damit süßen. Zum einen bringt das Abwechslung in die süße Küche. Zum zweiten enthält das Bio-Müsli außer verdauungsfreundlichen Ballaststoffen (siehe Seite 11) noch zwei sehr wertvolle Inhaltsstoffe: Agavensirup und Roh-Rohrzucker. Beide Zutaten gehören zu den urgesunden Süßmitteln – vitamin- und mineralstoffreich wie Honig und viel aromatischer als weißer Zucker.

Agavendicksaft ist ein Naturprodukt gemäß der EU-Bio-Verordnung; er enthält keinerlei Zusätze, auch keine Konservierungsstoffe oder Geschmacksverstärker. Die Pflanzen für den Saft stammen aus Mexiko, wo sie vorwiegend in Plantagen mit kontrolliertem Anbau wachsen. Wir kennen Agaven vor allem aus Europa: In trockenen Mittelmeerregionen und auf den Kanarischen Inseln prägen die mächtigen Pflanzen mit oft mehr als hundert starren, fleischigen Blättern regelrecht das Landschaftsbild. Wie meterlange Lanzen stehen sie dicht um den kurzen Stamm. Aus der Mitte der Blattrosette erhebt sich der Blütenschaft wie ein Bäumchen mit Tausenden von Blüten. Mit ihren Blüten sterben auch die Pflanzen ab, und die Vermehrung besorgen Brutknospen in den Achseln der Blütenblätter. Agavensaft bildet sich im Blütenschaft, solange er noch als »Knospe« – etwas größer als eine Ananas – mitten in der Blattrosette sitzt. Beim Einritzen dieses Sprosses und der weichen umliegenden Blätter fließt der süße, dickflüssige, goldgelbe Saft aus und wird in Kübeln gesammelt. Die Mengen sind beachtlich: Manche Pflanzen liefern in einem Zeitraum von 3 bis 4 Monaten über 900 Liter Saft; pro Tag sind das 4 bis 5 Liter.

Roh-Rohrzucker ist getrockneter und gemahlener Zuckerrohrsaft, streufähig wie weißer Zucker und fast genauso süß. Zuckerrohr ist eine der ältesten und wichtigsten Kulturpflanzen: Etwa 8000 v. Chr. soll es auf Neuguinea angebaut worden,

2000 Jahre später auf die Philippinen, nach Indien und Indonesien gelangt sein. Schon 500 n. Chr. beschreibt ein Hindu-Text die Herstellung von Zucker aus Rohr. Das schilfähnliche Gras mit langen, scharfkantigen Blättern kann bis zu 8 m hoch werden. Die Halme sind wie Bambus durch Querrippen verstärkt. Das gelbliche oder weiße Mark mit bis zu 20 Prozent Zuckergehalt kann man aus den hell- bis dunkelgrünen oder violetten Fasern schälen, in Stücke schneiden und wie Bonbons lutschen; es schmeckt süß und leicht säuerlich mit einem Hauch von Ananas. Die Ernte beginnt, wenn die Blätter gelb werden oder der Zuckergehalt der Halme auf den höchst möglichen Wert angestiegen ist. Man schlägt die Halme dicht am Boden ab, befreit sie von den Blättern und presst sie zwischen Walzen, bis der Saft austritt. Der Saft wird gefiltert, geklärt und dick eingekocht. Das Konzentrat lässt man langsam abkühlen und trocknen. Dabei bilden sich große, feste Kristalle, die gemahlen und wie weißer Zucker in Portionspackungen abgefüllt werden. Roh-Rohrzucker enthält fast alle Bestandteile des Zuckerrohrs.

Heilwirkungen von Agaven und Zuckerrohr

- Frischer Agavensaft soll Fußpilz und wunde Füße heilen.
- Der Saft enthält Saponine, die den Cholesterinspiegel senken.
- Das Papain im Agavensaft gehört zu den Enzymen, die bei der Verdauung von Eiweiß wirksam werden und Fleisch zart machen.
- Der hohe Fruchtzuckeranteil im Agavensaft nützt der Leber: Fructose fördert die Glycogenbildung, die für das Funktionieren der Leber wichtig ist.
- Bei Rohrzucker sind Mineralstoff- und Vitamingehalt im Vergleich zu anderen Süßmitteln hoch, weil er noch viele Inhaltsstoffe des Zuckerrohrs enthält.
- Roh-Rohrzucker gilt als reizhemmend, antibaktieriell, harntreibend und blutreinigend. Aufgelöst in Müsli mit Milch oder Joghurt soll er die Bronchien und die Luftröhre bei Verschleimung reinigen, Brustbeschwerden lindern, einen trägen Darm auf Trab bringen, die Haut pflegen und die Nerven beruhigen.

Kokostorte

Zutaten für 16 Stücke:

2 frische Eier aus Freilandhaltung (Gewichtsklasse M)
100 g Zucker
1/2 unbehandelte Zitrone
1 Päckchen Vanillinzucker
80 g Speisestärke (Remiga)
1 TL Backpulver
1 Beutel Kokosraspel (Sweet Valley, 200 g)
100 g Aprikosenkonfitüre
1 Becher Quark und cremig Cocos (BI'AC, 200 g)
1 Becher Schlagsahne (30 %, 200 g)
1 EL Puderzucker
3 EL Bio-Knuspermüsli (Knusperone)
Backpapier für die Form

Für den Teig die Eier und den Zucker mit den Quirlen des Handrührgerätes zu einer dicken Creme aufschlagen. Abgeriebene Zitronenschale und Vanillinzucker untermischen. Speisestärke und Backpulver mischen und auf die Eiermasse sieben. 150 g Kokosraspel locker darüber streuen und alles mit einem Schneebesen vorsichtig vermischen. Den Teig in einer mit Backpapier ausgelegten Springform von 26 Zentimetern Durchmesser glatt streichen, in den vorgeheizten Backofen stellen und bei 180 Grad etwa 35 Minuten backen. Herausnehmen und in der Form 20 Minuten ruhen lassen. Zum Abkühlen aus der Form lösen und auf ein Kuchengitter geben. Die abgekühlte Torte waagerecht halbieren und die untere Hälfte mit der Aprikosenkonfitüre bestreichen. Quark und cremig darauf verteilen. Die obere Tortenhälfte wieder auflegen und leicht andrücken. Die Sahne mit dem Puderzucker steif schlagen. Die Hälfte der Schlagsahne mit dem Müsli vermischen und auf die Torte streichen. Mit dem Rest der Kokosraspeln bestreuen. Die restliche Schlagsahne in einem Spritzbeutel füllen und die Torte mit Sahnetupfen garnieren. Nach Wunsch noch mit frischen Erdbeeren oder Weintrauben belegen.

Kirsch-Streuselkuchen

Zutaten für 12 Stücke:

Teig:

1/2 Becher Magerquark (Milfina, 250 g)
5 EL Milch (Milfina, 3,5 %)
5 EL Färberdistelöl, geschmacksneutral
50 g Zucker
250 g Mehl
1/2 Päckchen Backpulver
Fett für die Form

Belag:

1 Glas Schattenmorellen entsteint, gezuckert (Vogteier, Füllmenge 680 g, Abtropfgewicht 350 g)
1/2 Becher Magerquark (Milfina, 250 g)
1/2 Becher Schlagsahne (30 %, 200 g)
1 frisches Ei aus Freilandhaltung (Gewichtsklasse M)
1 EL Zucker

Streusel:

3 EL Bio Knusper-Müsli (Knusperone, 375-g-Beutel)
1 EL Mehl
1 Päckchen Vanillinzucker
50 g Butter oder Sonnenblumenmargarine (Bellasan)

Magerquark auf einem Sieb etwa 30 Minuten abtropfen lassen. Mit Milch, Öl, Zucker und der Hälfte des Mehls in einer Schüssel verrühren. Den Teig auf die Arbeitsfläche geben. Das restliche Mehl mit Backpulver mischen und mit den Händen in den Teig kneten. Eine gefettete Springform von 26 Zentimeter Durchmesser mit dem Teig auslegen. Rundherum einen etwa fingerbreiten Rand hochdrücken. Die Schattenmorellen auf einem Sieb abtropfen lassen. Quark mit Sahne, Ei und Zucker verrühren. Die Quarkcreme locker mit den Kirschen vermischen und auf dem Kuchenboden verteilen. Für die Streusel das Müsli mit dem Mehl und dem Vanillinzucker mischen. Fett schmelzen und mit einer Gabel unter die Müslimischung rühren. Mit den Streuseln den Kuchen belegen. Den Kuchen in den vorgeheizten Backofen schieben und bei 200 Grad etwa 45 Minuten backen.

✻ *Tipp*
Der Teig wird mit gut abgetropftem Quark schön knusprig. Ist der Quark sehr feucht, müssen Sie etwas mehr Mehl unterkneten.

Sauerkirschen enthalten reichlich Kalium und sind deshalb gut für alle, die auf Salz im Essen mit hohem Blutdruck reagieren. Sauerkirschsaft gilt in der Volksheilkunde als harntreibendes Mittel, das auch bei Blasenentzündungen hilft.

Obst – auch davon können Sie gar nicht genug bekommen

Obst ist gesund und begleitet uns schon unser ganzes Leben lang: als Brei haben wir es gleich nach der Muttermilch bekommen. Süß, wie es war, schmeckte es uns genauso gut. Seither essen wir Obst – vermutlich gibt es kaum jemanden, der es nicht mag. Wichtig für Wohlgeschmack und Gesundheit: Kaufen Sie frisches Obst nach Saison, denn nur reif liefert es Vitamine, Mineralstoffe und harmonisch ausgewogene Fruchtsäuren, die es zu Fitnesspaketen und Delikatessen machen. In der kalten Jahreszeit können Sie den Obsthunger mit Zitrusfrüchten, TK-Ware und Obst aus Glas oder Dose stillen.

Frisches Obst müssen Sie waschen, auch wenn es dann geschält wird. Denn Schmutz, der auf der Schale haftet, wandert beim Schälen auf Ihre Finger und dann auf das Fruchtfleisch. Mit lauwarmem Wasser löst sich auch die fruchteigene, dünne Wachsschicht, die zum Beispiel Äpfel oder Zitrusfrüchte natürlicherweise konserviert.

Sollte man Obst grundsätzlich schälen?

Hier gehen die Meinungen der Experten auseinander: Die einen raten dazu wegen möglicher Rückstände auf der Schale von Äpfeln, Birnen oder Pfirsichen. Doch zwischen Schädlingsbekämpfung und Ernte muss eine gesetzlich vorgeschriebene Zeitspanne eingehalten werden, sodass Rückstände auf der Schale kaum zu erwarten sind. Zudem können Fachleute diese Rückstände erkennen, und die entsprechenden Früchte kommen dann gar nicht erst zum Verkauf. Schmutz, Wachsschicht – meist das natürliche »Konservierungsmittel« der Frucht selbst (siehe oben) – oder sogar Blei lässt sich durch gründliches Waschen mit lauwarmem Wasser entfernen. Bei anderen Schadstoffen hilft weder Schälen noch waschen, denn sie gelangen über die Wurzeln in den Stoffwechsel der Pflanze. Und wenn man zum Beispiel einen Apfel schält, verzichtet man auf einen Teil der Vitamine und Ballaststoffe, die in oder direkt unter der Schale sitzen.

✻ *Tipp*

Aprikosen und Pfirsiche zieht man genauso ab wie Tomaten: Mit kochendem Wasser übergießen, knapp 1 Minute darin ziehen lassen und kalt abschrecken. Jetzt lässt sich die Haut gut entfernen. Wirklich ausgereifte Früchte kann man auch ohne Überbrühen leicht abziehen.

Wichtige Fragen zum Obst

1. Kann man mit Trockenfrüchten süßen?

Ja: beim Trocknen verlieren Früchte je nach Sorte bis zu 80 Prozent ihres Wasseranteils. Dadurch steigt der Gehalt an Fruchtzucker und Aroma, an Vitaminen, Mineral- und Ballaststoffen. Sultaninen als Ergänzung von Zucker im Kuchen, Trockenpflaumen als Süßmittel für Müsli sind bekannt, gut und gesund. Selbst Hefeteig für Napfkuchen können Sie auch ausschließlich mit Trockenobst süßen: Die Früchte – am besten süße Pflaumen und Feigen, gemischt mit säuerlichen Aprikosen – in so viel Wasser quellen lassen, wie im Rezept als Flüssigkeitsmenge für den Teig angegeben ist. Das weiche Obst pürieren und mit Eiern und/oder Fett unter den Teig kneten. Eventuell noch etwas Flüssigkeit zugeben, damit der Teig geschmeidig ist.

2. Ist Tiefkühl-Obst so vitaminreich wie frisches?

Ja, denn Tiefkühl-Obst wird gleich nach der Ernte fachgerecht eingefroren und enthält deshalb reichlich Vitamine. Obst aus dem Laden ist gewöhnlich einige Zeit gelagert. Dabei nimmt der Vitamingehalt bei den meisten Arten ab. Nur wer Obst aus dem eigenen Garten holen und gleich essen kann, bekommt noch mehr Vitamine als mit TK-Ware.

3. Muss man TK-Obst auftauen?

Das hängt von der Verarbeitung ab: Gefroren können Sie es für Bowle, Sorbet, Mixgetränke, Eis oder Kompott nehmen. Auftauen, bis sich Früchte oder Stücke voneinander lösen, sollten Sie es für Kuchenbelag.

4. Wie viel Obst braucht man für Kuchen?

- Für Blechkuchen mit frischem Obst 1,5 bis 2 kg Pfirsiche, Aprikose oder Zwetschgen;
- Für Obstkuchen mit Mürbeteig in der 26 Zentimeter großen Springform reichen 500 bis 600 g frisches Obst;
- Für Rührteigkuchen in der Springform brauchen Sie 1 Dose Pfirsiche (Sweet Valley, Füllmenge 820 g, Abtropfgewicht 465 g) oder Birnen (Sweet Valley, Füllmenge 820 g, Ab-

tropfgewicht 460 g) beziehungsweise 1 Glas Schattenmorellen (Vogteier, Füllmenge 680 g, Abtropfgewicht 350 g). Lassen Sie die Früchte gut abtropfen, bevor Sie den Teig damit belegen!

- Für Apfelkuchen rechnen Sie etwa 1 kg frische Äpfel oder 1/2 Packung Apfelmus (siehe Rezept Seite 202).
- Für eine Obsttorte reichen durchschnittlich 750 g Früchte als Belag, etwa 300 g kleingeschnittenes Obst als Füllung.

5. *Wie verhindert man, dass Kuchen durchweicht?*

- Mürbeteigkuchenboden 10 bis 15 Minuten vorbacken.
- Saftiges Obst vor dem Backen mit einem Esslöffel Vanillepuddingpulver mischen. Das gibt Aroma und bindet den Saft.
- Teigboden vor dem Backen mit Eiklar besteichen.
- Den vorgebackenen Kuchenboden mit Semmel-, Keks- oder Zwiebackbröseln bestreuen, mit dem Obst belegen und fertig backen.
- Fertigen Mürbeteig oder Biskuitboden mit flüssiger Kuvertüre bestreichen, trocknen lassen und dann erst belegen.

Die gesunden Exoten

Bei ALDI gibt es frisches Exotenobst, TK-Tropische Fruchtmischung mit Mangos, Ananas, Kiwi, Mandarinen und Melonen. Und natürlich bekommen Sie auch Ananas in der Dose.

Frische und TK-**Ananas** können bei einigen Formen von Migräne helfen, weil sie das Eiweiß-Enzym Bromelain enthalten. Sobald bestimmte Proteine an die Nervenenden »andocken« und so schmerzhafte Entzündungen hervorrufen, zerlegt Bromelain diese Ketten von Aminosäuren in die einzelnen Glieder und macht die Proteine unwirksam. Ananas aus Dosen haben diese Wirkung leider nicht.

Kiwis gehören zu den besonders kaliumreichen Früchten. Dieser Mineralstoff ist einer der wirksamsten Blutdruck-Senker, weil er dem Körper Wasser entzieht. Nach italienischen Untersuchungen können Bluthochdruck-Patienten auf Medikamente verzichten, wenn sie lange und regelmäßig kaliumreiches Obst und Gemüse essen. Kiwi-Dessert nach einem schweren Essen hilft bei der Verdauung, weil die Früchte genau wie Ananas oder Papayas ein Eiweiß-Enzym enthalten.

Mangos enthalten besonders viel Beta-Karotin und wirken deshalb vorbeugend gegen Krebs: Das Vitamin stärkt unser Immunsystem und unterstützt es bei der Produktion von »Killerzellen«. Zudem schützt es vor Herzkrankheiten, weil es das »gute« HDL-Cholesterin erhöht. Ausserdem fördern Mangos die Verdauung: Wenn auf Reisen Magen und Darm aufgrund des ungewohnten Essens streiken, kann eine frische Frucht helfen.

Grüne und gelbe **Melonen** wie Charentais und Honigmelonen enthalten eine Substanz, die das Blut dünner macht und besser fließen lässt. Das ist wichtig für Menschen, die Probleme mit Herz und Kreislauf haben. Melonen mit orangefarbenem Fruchtfleisch liefern Carotinoide, die unser Immunsystem stärken. Alle Melonen fördern die Verdauung; bereits das Viertel einer Frucht regt die Darmperistaltik an.

Greifen Sie zu ...

... wenn es bei ALDI frische **Papayas** gibt: Der Name der Exotenfrucht Papaya kommt vom karibischen Indianerwort »apapai« und bedeutet »Baum der Gesundheit« – Hinweis auf den hohen medizinischen Wert der Papaya. Die Frucht wird in den Tropen zum Frühstück und als Dessert gegessen, weil sie leicht abführend und verdauungsfördernd wirkt; besonders unreife Früchte und Blätter liefern das Eiweiß-Enzym Papain, mit dem Medikamente gegen Verdauungsstörungen hergestellt werden. Papayas enthalten reichlich antikanzerogenes, zellschützendes Vitamin C und Beta-Karotin, außerdem Terpene, das sind Aromastoffe, die als wichtige Kanzerogene gelten. Die Früchte sollen außerdem den »Kater« beseitigen, und die Kerne setzt man in Asien schon lange als Mittel gegen Darmparasiten ein.

Frisches Obst – am besten jeden Tag

Zum Frühstück, als Imbiss zwischendurch, als Nachspeise und als später Snack – Obst sollte fünfmal pro Tag auf dem Speisezettel stehen. Denn nach den neuen Forschungen können Früchte heilen und eine Reihe von Krankheiten verhindern.

Äpfel liefern mehr als 20 Mineralstoffe, darunter Eisen für das Blut und Kalzium für gesunde Knochen und Zähne. Ein frischer Apfel guter Qualität deckt etwa 60 Prozent des Vitamin-C-Bedarfs. Der Ballaststoff Pektin, der in Äpfeln reichlich enthalten ist, sorgt für einen niedrigen Cholesterinspiegel: Wenn Sie regelmäßig rohe Äpfel essen, halten Sie Ihren Cholesterinspiegel auf einem gesunden Maß und können sogar erhöhte Blutfettwerte senken. Pektin gilt dazu noch als richtiges Pflegemittel für den Darm: Ein mit der Schale fein geriebener Apfel ist ein altes Hausmittel gegen Durchfall.

Aprikosen enthalten reichlich antikanzerogenes, zellschützendes Vitamin C und vor allem Beta-Karotin, das vor Umweltgiften und krebserregenden Stoffen schützt. Kaufen Sie möglichst kräftig gelbe, fast orangefarbene Früchte, die ruhig schon ein bisschen weich sein dürfen – sie liefern am meisten Carotinoide.

Bananen: Diese kaliumreiche Frucht empfehlen Sportärzte zum Aufbau der Muskeln. Bei plötzlichem Heißhunger sind Bananen viel besser als ein Müsliriegel: Bananen enthalten Zucker als schnellen Energiespender, Stärke zum Sattwerden und Ballaststoffe für die gute Verdauung. Pürierte Bananen als Umschlag helfen gegen Halsentzündung, die Schalen von reifen Bananen sollen Migräne lindern und Warzen heilen.

Birnen-Sirup soll bei akuter Bronchitis helfen: Saftige Birnen roh auspressen, bei schwacher Hitze dick einkochen, mit Honig süßen und abkühlen lassen. Den Sirup in etwas heißem Wasser auflösen und einnehmen.

Pfirsiche liefern Kalzium für Knochen und Zähne, Eisen fürs Blut und Vitamin C. Roh und gedünstet unterstützen Pfirsiche die Verdauung. Wer einen empfindlichen Magen hat, sollte die Früchte roh nur in Maßen essen und stattdessen immer wieder Pfirsiche aus der Dose wählen. Ob sich frische Pfirsiche leicht vom Stein lösen lassen, liegt übrigens nicht am Reifegrad, sondern an der Sorte: In manchen sitzt der Stein locker, in anderen ist er ziemlich fest mit dem Fruchtfleisch verbunden, und man schneidet das Fleisch am besten in kleineren Stücken davon ab.

Weintrauben spenden Ihnen durch den hohen Gehalt an Traubenzucker rasch verfügbare Energie. Das macht sich die berühmte Traubenkur zunutze: Wer nur diese Früchte isst, schlafft nicht ab. Und das Kalium in den Trauben sorgt für Wasserverlust, der sich dann auf der Waage bemerkbar macht. Wirklich abnehmen, das heißt überschüssige Fettpolster verlieren, können Sie mit der Kur allerdings nicht. Blaue Weintrauben enthalten Anthozyan; dieser rote Farbstoff stärkt das Immunsystem und wirkt vermutlich positiv auf Herz und Kreislauf.

Haferflockenmousse mit Obst

Zutaten für 6 Portionen:

1/2 l Milch
1 Prise Salz
1 EL Zucker
abgeriebene Schale von 1 unbehandelten Zitrone
150 g zarte Haferflocken (Remiga, 500-g-Pckg.)
1 Becher Frischkäse (Bayernland, 70 % Fett i. Tr., 200 g,
2 frische Eier aus Freilandhaltung (Gewichtsklasse M)
1 Glas Schattenmorellen entsteint, gezuckert
(Vogteier, Füllmenge 680 g, Abtropfgewicht 350 g)
1 Dose Mandarinen
(Lorado, Füllmenge 312 g, Abtropfgewicht 175 g)
1 EL Speisestärke (Remiga)
1/2 Beutel gehobelte Mandeln (Sweet Valley, 100 g)

Die Milch mit Salz, Zucker und der Zitronenschale aufkochen. Die Haferflocken einrühren und zugedeckt bei schwächster Hitze 10 Minuten quellen lassen. Den Topf von der Kochstelle nehmen, den Haferbrei lauwarm auskühlen lassen und dabei immer wieder kräftig mit einem Kochlöffel durchrühren. Die Eier trennen. Die Eigelbe und den Frischkäse unterrühren. Die Eiweiße steif schlagen und dann unterziehen. Die Haferflockenmousse zugedeckt mindestens 2 Stunden kühlen. Die Schattenmorellen und die Mandarinen auf einem Sieb abtropfen lassen, den Saft für die Sauce in einem Topf auffangen. 2 EL Saft mit der Speisestärke verrühren. Den restlichen Saft zum Kochen bringen. Angerührte Speisestärke zugeben und unter Rühren noch einmal aufkochen, bis die Sauce dickflüssig ist. Dann abkühlen lassen. Die Schattenmorellen und die Mandarinen auf Portionsteller verteilen und mit der Sauce begießen. Einen Esslöffel in warmes Wasser tauchen, die Haferflockenmousse damit in Nocken abstechen und neben dem Obst anrichten. Alles mit den Mandeln bestreuen.

Überbackene Pfirsiche
Für 4 Portionen:
1 Dose Pfirsiche halbe Frucht gezuckert
(Sweet Valley, Füllmenge 820 g, Abtropfgewicht 465 g)
4 EL Wildpreiselbeeren (Jacobi, 370-ml-Glas)
100 g Mehl
1 Prise Backpulver
1 Prise Salz
300 ml Milch (Milfina, 3,5 %)
4 frische Eier aus Freilandhaltung (Gewichtsklasse M)
abgeriebene Schale von 1/4 unbehandelten Zitrone
30 g Puderzucker
1 TL Vanillinzucker
1 Becher Schlagsahne (30 %, 200 g)
1 EL Zucker
Fett für die Form

Die Pfirsiche auf einem Sieb abtropfen lassen und in eine gefettete, flache Gratinform mit niedrigem Rand geben. Die Preiselbeeren mit einem Löffel zwischen die Pfirsichhälften geben. Mehl mit Backpulver, Salz und Milch verrühren. Die Eier trennen. Die Eigelbe, Zitronenschale, Puder- und Vanillinzucker unter den Teig mischen. Eiweiß steif schlagen und mit dem Schneebesen unter den Teig ziehen. Über den Pfirsichen glatt streichen. Pfirsiche in den vorgeheizten Backofen schieben und bei 200 Grad etwa 50 Minuten backen. Sahne mit Zucker steif schlagen und zu den heißen Pfirsichen servieren.

Birnenkuchen

Für 12 Stücke:

250 g Mehl
50 g Zucker
100 g Sonnenblumenmargarine (Bellasan)
1 Dose Williams-Christ-Birnen halbe Früchte gezuckert (Sweet Valley, Füllmenge 820 g, Abtropfgewicht 460 g)
1 Glas Wildpreiselbeeren (Jacobi, 370 ml)
2 EL Bio-Knuspermüsli
Fett für die Form

Mehl mit Zucker, weicher Margarine und 4 bis 5 Esslöffeln kaltem Wasser in eine Schüssel geben und mit den Knethaken des Handrührers vermischen. Mit den Händen rasch zu einem glatten Mürbeteig verkneten. Falls der Teig zu trocken ist und bröckelt, tropfenweise kaltes Wasser unterkneten, bis er gut zusammen hält. Eine Springform von 26 Zentimeter Durchmesser mit dem Teig auslegen und dabei einen etwa 3 Zentimeter hohen Rand formen. Den Teigboden mehrmals mit einer Gabel einstechen und 1 Stunde kühlen. Die Birnen inzwischen auf einem Sieb abtropfen lassen. Den Kuchenboden in den vorgeheizten Backofen schieben und bei 200 Grad 10 Minuten vorbacken. Die Birnen auf den Kuchenboden legen, mit dem Müsli bestreuen und die Preiselbeeren darüber verteilen. Den Kuchen wieder in den Backofen schieben und bei 180 Grad in etwa 30 Minuten fertig backen. Dazu Schlagsahne, Vanilleeis oder Schmant servieren.

Apfelmuskuchen
Zutaten für 12 Stücke:
350 g Mehl
100 g Zucker
1/2 Päckchen Backpulver
1 unbehandelte Zitrone
125 g Sonnenblumenmargarine (Ballasan)
5 EL Milch (Milfina)
1 frisches Ei aus Freilandhaltung (Gewichtsklasse M)
500 g Apfelmus
3 EL Schlagsahne oder H-Sahne (Milfina)

Das Mehl mit Zucker, Backpulver, Salz, der abgeriebenen Schale von 1/2 Zitrone und 2 EL ausgepresstem Zitronensaft mischen. Dann mit der weichen Margarine, der Milch und dem Ei zu einem glatten Teig verkneten. Eine Springform von 26 Zentimeter Durchmesser mit 2/3 des Teiges auslegen. Apfelmus mit dem restlichen ausgepressten Zitronensaft verrühren und auf den Teig streichen. Den restlichen Teig zwischen 2 Blättern Folie ausrollen, mit dem Kuchenrädchen in fingerbreite Streifen schneiden und als Gitter auf den Kuchen legen. Das Gitter mit der Sahne bestreichen. Den Kuchen in den vorgeheizten Backofen schieben und bei 200 Grad etwa 40 Minuten backen.

Zitrusfrüchte für mehr Wellness

Grapefruitsaft ist vermutlich ein wirksames Mittel gegen Viren. Nach amerikanischen Untersuchungen senken Grapefruit-Ballaststoffe den Cholesterinspiegel und sollen sogar Ablagerungen in den Arterien wieder auflösen. Hier hilft der Saft allein übrigens nicht; Sie müssen die ganze Frucht essen, einschließlich der Häutchen zwischen den Segmenten. Die Schale der Frucht kuriert den nervösen Magen und Verdauungsbeschwerden: Mit einem Sparschäler die weiße Haut dünn abschneiden. Auf einem Tuch ausbreiten und trocknen lassen. Sobald die Stückchen schrumpelig und hart sind, kann man sie in einem Schraubglas aufbewahren. Bei Bedarf einen knappen Teelöffel davon kauen und dabei richtig auslutschen.

Orangen und **Mandarinen** liefern so ziemlich alles, was unser Organismus zur Abwehr schädlicher Stoffe braucht, ob sie nun natürlicherweise durch den Stoffwechsel entstehen oder durch ungesunde Lebensweise von außen kommen: Carotinoide hemmen die Krebsentstehung in allen Entwicklungsstadien, Vitamin C stärkt das Immunsystem, Flavonoide bilden einen Schutz vor Herz- und Kreislaufleiden, der Ballaststoff Pektin im Fruchtfleisch und in den Häutchen zwischen den Segmenten senkt das schädliche LDL-Cholesterin und hilft bei der Verdauung, Kalium dagegen reguliert den Blutdruck. Amerikanische Wissenschaftler schreiben frisch gepresstem Orangensaft sogar eine positive Wirkung auf die männliche Fruchtbarkeit zu.

Zitronen enthalten Terpene als wichtige Krebshemmer: Die Früchte aktivieren Entgiftungsenzyme in Leber und Dünndarm. Zitronensaft lässt Zahnschmerzen verschwinden: Einen Wattebausch mit frisch gepresstem Saft tränken und auf den wunden Zahn oder so nah wie möglich platzieren. Die weiße Innenhaut der Schale hemmt das Wachstum schädlicher Keime und stoppt Zahnfleischbluten: Das Zahnfleisch täglich eine Minute mit der Schale einreiben. Achtung: Zitronensäure schädigt auf Dauer den Zahnschmelz! Deshalb sollte man auch bei Erkältung und Halsentzündung keine Zitronenscheiben kauen. Lieber den Saft auspressen und in heißem Honigwasser trinken.

Mandarinen mit Knuspersahne
Zutaten für 4 Portionen:
2 Dosen Mandarinen
(Lorado, Füllmenge 312 g, Abtropfgewicht 175 g)
1 EL Zitronensaft (Citrovin oder frisch gepresst)
1 Becher Schlagsahne (30 %, 200 g)
70 g Bio Knusper-Müsli (Knusperone, 375-g-Beutel)
2 EL Milchschokolade-Streusel (Novesia, 400-g-Pckg.)

Die Mandarinen auf einem Sieb abtropfen lassen. Mit 4 Esslöffeln Saft und dem Zitronensaft mischen und zugedeckt 15 Minuten ziehen lassen. Inzwischen die Sahne steif schlagen. Das Müsli und die Schokoladen-Streusel untermischen. Mandarinen und Knuspersahne schichtweise in Dessertschälchen verteilen.

✻ *Tipp*
Schokolade macht die meisten Menschen glücklich und das ganz ohne Einbildung: Erstens liefert sie rasch verfügbare Energie, zweitens schüttet der Körper Insulin aus, wenn wir Süßes essen. Das wiederum fördert im Gehirn die Umwandlung der Aminosäure Tryptophan in das Hormon Serotonin. Und je mehr davon im Körper zirkuliert, desto besser fühlen wir uns.

Reisschmarren

Zutaten für 5 Portionen:

125 g Milchreis
3/4 l Milch (Milfina, 3,5 %; 750 ml)
Salz
30 g Zucker
2 frische Eier aus Freilandhaltung (Gewichtsklasse M)
1 Päckchen Vanillinzucker
1 kleine unbehandelte Zitrone
2 EL Färberdistelöl, geschmacksneutral
1 EL Butter oder Bio-Reform Margarine mit Joghurtkulturen (Bellasan, 500 g)
1 EL Puderzucker
1/2 TL Zimtpulver

Den Reis mit Milch, 1 Prise Salz und dem Zucker zum Kochen bringen. Zugedeckt bei schwächster Hitze in etwa 35 Minuten ausquellen lassen. Reis etwas auskühlen lassen. Die Eier mit Vanillinzucker und der abgeriebenen Zitronenschale verquirlen und mit dem Reisbrei mischen. Das Öl in einer großen Pfanne zerlassen. Die Reismasse einfüllen und glatt streichen. Zugedeckt bei mittlerer bis schwacher Hitze etwa 10 Minuten braten, bis sie an der Unterseite fest ist und sich leicht ablösen lässt. Mit dem Pfannenmesser wenden und auf der zweiten Seite etwa 5 Minuten braten. Den Schmarren in der Pfanne mit zwei Gabeln in Stücke teilen. Butter oder Bio-Reform Margarine zugeben und den Reisschmarren unter Wenden rundherum knusprig braun braten. Mit Puderzucker und Zimt bestreuen und heiß servieren. Dazu 1 Glas Schattenmorellen (Vogteier, Füllmenge 680 g, Abtropfgewicht 350 g) oder 1/2 Pckg. Apfelmus (Sterngold, 710 g)

Mandarinenrolle mit Quarkcreme

Zutaten für 12 Stücke:
1 Dose Mandarinen
(Lorado, Füllmenge 312 g, Abtropfgewicht 175 g)
2 frische Eier aus Freilandhaltung (Gewichtsklasse M)
50 g Zucker
1/2 unbehandelte Zitrone
1 Becher Magerquark (Milfina, 250 g)
1/2 Becher Schmant (24 % Fett, 200 g)
1 Pckg. frischer Blätterteig (Welwalka, 250 g)
3 El Sahne (Milfina)

Die Mandarinen auf einem Sieb abtropfen lassen. Die Eier trennen. Eigelbe mit Zucker schaumig rühren, bis sich der Zucker aufgelöst hat. Abgeriebene Zitronenschale und den ausgepressten Zitronensaft zugeben. Esslöffelweise Quark und Schmant darunter mischen. Eiweiß steif schlagen und unterziehen. Den Blätterteig auseinander rollen, mit der Quarkcreme bestreichen, mit den Mandarinen belegen und wieder aufrollen. Mit der Sahne bestreichen, auf ein Backblech legen, in den vorgeheizten Backofen schieben und bei 200 Grad etwa 30 Minuten backen. Abkühlen lassen und frisch servieren.

Marmeladenkuchen mit Toast

Zutaten für 4 Portionen:

15 Scheiben American Sandwich Toast (Zimmermann)
etwa 1/3 Glas Mehrfruchtkonfitüre (Grandese, 450 g)
2 EL Butter oder Sonnenblumenmargarine (Bellasan)
1/2 Beutel Sultaninen (Sweet Valley, 200 g)
3/8 l Milch (Milfina, 3,5 %)
1 Pckg. H-Sahne (Milfina, 200 g)
2 frische Eier aus Freilandhaltung (Gewichtsklasse M)
1 EL Vanillinzucker
abgeriebene Schale von 1/2 unbehandelten Orange
1 TL Zimtpulver
1/2 Beutel ganze Haselnusskerne (Sweet Valley, 200 g)

Die Toastscheiben auf den Rost des Backofens legen und in den kalten Ofen schieben. Den Backofen auf 220 Grad einstellen und vorheizen. Die Toastscheiben goldbraun backen. Die tiefe Fettpfanne des Backofens oder ein tiefes Blech mit dem weichen Fett ausstreichen und mit den Toastscheiben auslegen. Die Konfitüre als Kleckse auf den Toast setzen. Die Sultaninen darüber streuen. Die Milch mit Sahne, Eiern, Vanillinzucker, Orangenschale und Zimt verquirlen und über den Toast gießen. Die Nüsse fein hacken und darüber streuen. Den Backofen auf 200 Grad schalten, den Kuchen einschieben und etwa 20 Minuten backen. Dazu passen Schattenmorellen (aus dem Glas) oder selbst gemachter Obstsalat.

Reisküchlein mit Mandeln und Preiselbeeren
Zutaten für 4 Portionen:
200 g Milchreis (500-g-Pckg.)
50 g Zucker
1/2 l fettarme Milch (Milfina, 1,5 %)
1 Stück unbehandelte Zitronenschale
1 Prise Salz
1 Beutel gemahlene Mandeln (Sweet Valley, 100 g)
1 EL Grand Marnier oder Orangensaft
50 g Mehl
40 g Butterschmalz
1 Dose Mandarinen
(Lorado, Füllmenge 312 g, Abtropfgewicht 175 g)
1 Glas Wildpreiselbeeren (Jacobi, 370 ml)
eventuell Zucker und Zimt zum Bestreuen

Den Reis mit Zucker, Milch, 1/8 l Wasser, der Zitronenschale und dem Salz aufkochen und zugedeckt bei schwacher Hitze 30 Minuten garen. Von der Kochstelle nehmen und abkühlen lassen. Die Zitronenschale entfernen. Die Mandeln, den Grand Marnier oder Orangensaft und das Mehl unter den Reisbrei mischen. Etwas Butterschmalz in einer Pfanne erhitzen. Von dem Teig mit einem Esslöffel runde Küchlein abstechen und bei mittlerer bis schwacher Hitze auf der Unterseite etwa 10 Minuten braten, bis sie sich leicht vom Pfannenboden lösen, wenden und auf der zweiten Seite weitere 6 bis 8 Minuten braten. Auf diese Weise zwölf Küchlein braten und bei 50 Grad im Backofen warm halten. Die Mandarinen abgießen, den Saft für ein anderes Gericht verwenden. Mandarinen und Preiselbeeren locker mischen und auf Tellern verteilen. Die Reisküchlein daneben anrichten und nach Wunsch mit Zimt-Zucker bestreuen.

Mandelsoufflé

Zutaten für 4 Portionen:

75 g Butter oder Sonnenblumenmargarine (Bellasan)
50 g Mehl
2 EL Zucker für die Form und zum Bestreuen
1/4 l Milch (Milfina, 3,5 %)
1 EL Vanillinzucker
abgeriebene Zitronenschale
1 Prise Salz
5 frische Eier aus Freilandhaltung (Gewichtsklasse M)
2 EL Orangensaft
70 g Puderzucker
1 Beutel gemahlene Mandeln (Sweet Valley, 100 g)
1 Glas Wildpreiselbeeren (Jacobi, 370 ml)
1–2 EL Grand Marnier oder Orangensaft

50 Gramm weiches Fett und das Mehl mit einer Gabel verkneten. Eine hohe Auflaufform am Boden und unteren Rand mit dem restlichen Fett ausstreichen und mit 1 Esslöffel Zucker ausstreuen. Die Milch mit dem Vanillinzucker, der Zitronenschale und dem Salz aufkochen. Mehlbutter mit einem Schneebesen einrühren, bis die Sauce gleichmäßig dick ist. Noch einmal aufkochen. Das Mehlmus in eine Schüssel geben. Ein ganzes Ei und den Orangensaft untermischen, dann das Mus abkühlen lassen. Die restlichen Eier trennen. Eiweiß mit etwa der Hälfte des Puderzuckers steif schlagen. Zuerst das Eigelb, dann den restlichen Puderzucker und zuletzt ein Viertel des Eischnees mit dem Schneebesen in das Mehlmus rühren. Den restlichen Eischnee auf die Soufflémasse geben. Die Mandeln darüber streuen. Alles mit dem Schneebesen mischen, in die Form füllen und mit dem zweiten Esslöffel Zucker bestreuen. Das Soufflé in den vorgeheizten Backofen schieben und bei 180 Grad etwa 45 Minuten backen, bis es hoch aufgegangen, an der Oberfläche aufgeplatzt und schön gebräunt ist. Die Wildprei-

selbeeren mit Grand Marnier oder Orangensaft vermischen und dazu servieren.

* *Tipp*

Mandeln sind echte Favoriten bei der gesunden Ernährung: Mit knapp 20 Prozent enthalten sie etwa so viel Eiweiß wie Mozzarella-Käse, das hochwertige Fett reguliert den Fettstoffwechsel, mit ihrer Kalziummenge machen sie Joghurt Konkurrenz und im Eisengehalt übertreffen sie sogar mageres Lammfleisch.

Was ALDI sonst noch an Obst-Gesundheit bietet

Trockenpflaumen sind wichtig für einen gesunden Darm. Wer keine Beschwerden hat, sondern den Darm nur pflegen will, isst regelmäßig ein oder zwei Früchte klein geschnitten in Müsli oder Porridge. Bei Verstopfung helfen zwei Trockenpflaumen: Am Abend in Wasser einweichen, morgens abgießen und mit Müsli, Porridge oder Joghurt mischen. Den Saft trinken oder in Joghurt einrühren. Pflaumensaft enthält ebenfalls Ballaststoffe und gesunden Fruchtzucker. Achtung: Nicht zu viele Pflaumen auf einmal essen, sonst könnte der Darm erst recht streiken.

Wildpreiselbeeren im Glas: Die Früchte enthalten reichlich Ballaststoffe und stimulieren die Darmmotorik, indem sie die Wasser- und Salzabsorption fördern. Außerdem enthalten sie ein natürliches Heilmittel gegen Blasenentzündung.

Gesund backen

Sie brauchen dazu nur ein paar »neue« und doch so traditionelle Produkte: frische Eier aus Freilandhaltung, cholesterinfreie Pflanzenmargarine mit mehrfach ungesättigten Fettsäuren, reichlich Milchprodukte, die Ihnen Kalzium (siehe Seite 53 f.) liefern, und Obst, das Sie mit Vitaminen, Mineralien und Ballaststoffen versorgt. Statt üppiger Butterstreusel nehmen Sie immer wieder Bio-Müsli für die Knusperkruste. Und beim Süßen ergänzen Sie den Zucker mit einem Mus aus getrockneten Pflaumen (Rezept anschließend).

Zwetschgenkuchen mit Pflaumenmus
Zutaten für 20 Stücke:
Teig:
500 g Mehl
150 g Zucker
1/2 Paket Sonnenblumenmargarine (Bellasan, 500 g)
2 frische Eier aus Freilandhaltung (Gewichtsklasse M)
Belag:
1,5 kg Zwetschgen
2 frische Eier aus Freilandhaltung (Gewichtsklasse M)
1 Becher Schmant (24% Fett, 200 g)
1 Beutel gemahlene Haselnusskerne (Sweet Valley, 200 g)
1/2 Pckg. kalifornische Trockenpflaumen (Sunshine, 500 g)

Die Trockenpflaumen in 1/4 l warmem Wasser einweichen und zugedeckt über Nacht ziehen lassen. Die Pflaumen mit dem verbliebenen Einweichwasser pürieren. Für den Teigboden das Mehl mit Zucker, weicher Margarine und den Eiern zu einem glatten Mürbeteig verkneten. Falls der Teig bröckelt, tropfenweise kaltes Wasser unterkneten. Den Teig in Folie wickeln und 30 Minuten kühlen. Auf einem gefetteten Backblech ausrollen. Rundherum einen etwa fingerbreiten Rand hochdrücken. Den Teig mit einer Gabel mehrmals einstechen und noch einmal kühlen, bis die Zwetschgen vorbereitet sind. Zwetschgen waschen, entsteinen und dabei halbieren. Für den Guss die Eier mit Schmant und Nüssen verrühren. Den Kuchenboden in den vorgeheizten Backofen schieben und bei 200 Grad 10 Minuten vorbacken. Die Zwetschgen schuppenförmig auf den Kuchenboden legen und mit dem Pflaumenmus bestreichen. Den Guss darüber verteilen. Den Kuchen wieder in den Backofen schieben und in etwa 40 Minuten fertig backen.

Milchreis-Kuchen mit Pfirsichen

Zutaten für 12 Stücke:

Teig:

500 g Mehl
1/2 Paket Sonnenblumenmargarine (Bellasan, 500 g)
1/4 TL Salz
200 g Zucker
2 Päckchen Vanillinzucker
1 EL Cappuccino (Belmont)
1 EL Aurelio Amaretto
3 frische Eier aus Freilandhaltung (Gewichtsklasse M)

Belag:

1 Dose Pfirsiche halbe Frucht gezuckert (Sweet Valley, Füllmenge 820 g, Abtropfgewicht 465 g)
1/2 Becher Frischkäse (Bayernland, 70 % Fett i. Tr., 200 g)
2 frische Eier aus Freilandhaltung (Gewichtsklasse M)
2 EL Orangensaft
3 Becher Sahne-Milchreis mit Zucker und Zimt (Desira, 200 g)
Fett für das Blech

Das Mehl mit der weichen Margarine, Salz, Zucker, Vanillinzucker, Cappucino, Amaretto und Eiern zu einem glatten Mürbeteig verkneten. Ein gefettetes Backblech damit auslegen und dabei einen etwa 2 Zentimeter hohen Rand formen. Den Teig mit einer Gabel mehrmals einstechen und auf dem Blech etwa 1 Stunde kühlen. Die Pfirsiche auf einem Sieb abtropfen lassen. Den gekühlten Teigboden in den vorgeheizten Backofen schieben und bei 180 Grad 10 Minuten vorbacken. Herausnehmen und mit den Pfirsichen belegen. Den Frischkäse, die Eier und den Orangensaft mit den Quirlen des Handrührgerätes verrühren. Den Milchreis mit einem Kochlöffel untermischen. Die Reismischung darüber verteilen. Den Kuchen wieder in den Ofen schieben und in etwa 30 Minuten fertig backen. Auf dem Blech 20 Minuten ruhen lassen. Dann in Stücke schneiden und zum Abkühlen auf ein Kuchengitter geben.

Erdnusskekse
Zutaten für 50 Stück:
1/2 Dose Erdnusskerne, geröstet und gesalzen (200 g)
150 g Mehl
1/2 Beutel gemahlene Haselnusskerne (Sweet Valley, 200 g)
75 g Zucker
abgeriebene Schale von 1 unbehandelten Orange
1 Päckchen Vanillinzucker
1 Prise Salz
1 frisches Ei aus Freilandhaltung (Gewichtsklasse M)
etwa 2 EL kaltes Wasser
100 g Butter oder Sonnenblumenmargarine
(Bellasan, 500 g)
Mehl für die Arbeitsfläche
3 EL H-Sahne (Milfina, 200-g-Pckg.)
100 g Sauerkirschkonfitüre
1 Tafel Halbbitter-Kuvertüre (Waldbaur, 200 g)

Die Erdnusskerne fein hacken. Mit Mehl, Haselnüssen, Zucker, Orangenschale, Vanillinzucker, Salz, Ei, 1 Esslöffel Wasser und dem weichen Fett zu einem glatten Teig verkneten. Falls der Teig bröckelig ist, tropfenweise das restliche Wasser unterkneten. In Pergamentpapier gewickelt 1 Stunde kühlen. Den Teig auf der bemehlten Arbeitsfläche etwa messerrückendick ausrollen. Runde Plätzchen von etwa 5 Zentimeter Durchmesser ausstechen, auf Backbleche legen und mit Sahne bestreichen. Backbleche nacheinander in den vorgeheizten Backofen schieben und die Kekse bei 180 Grad jeweils etwa 10 Minuten backen. Vom Blech lösen und etwas abkühlen lassen. Jeweils zwei Kekse mit Konfitüre bestreichen und zusammensetzen. Ganz abkühlen lassen und mit der flüssigen Kuvertüre überziehen.

✻ *Tipp*
Gesalzene Erdnusskerne schmecken auch in süßen Keksen aromatischer als ungesalzene.

Farbenspiele zieren Torten und Obstkuchen

- Auf weißer Creme und dicker Sahnehaube: Dunkle Schokoladenstreusel (Novesia), fein zerstäubter Cappuccino (Belmont), rote Kirschen oder Erdbeeren.
- Zu dunklen Schokotorten passen: weiße Schlagsahnetupfen und Puderzucker, zarte gehobelte Mandeln (Sweet Valley), fein geschnittene gelbe oder »goldene« Schalen von Zitronen und Orangen

✻ *Tipp*
Grüne Kiwis sehen zwar wunderschön auf weißen Torten aus, müssen aber in Zuckerwasser sekundenlang gegart werden. Denn die rohen Früchte enthalten eine Substanz, die Sahne und Creme mit Milchprodukten bitter macht.

Formenspiele für Kuchen und Kekse

- Auf Gebäck aus hellem Teig können Sie mit flüssiger Kuvertüre (Waldbaur halbbitter) »zeichnen«: Die heiße Kuvertüre in einen Gefrierbeutel geben, ein winziges Eckchen vom Beutel abschneiden und die flüssige Schokolade in zartem Strahl auf Kuchen oder Kekse laufen lassen.
- Den Kuchen wie eine Torte mit Creme oder Sahne verzieren: Die passende Tülle für den Spritzbeutel wählen: die kleine für Sternchen und kleine Rosetten, die große für breite gezackte Linien und dicke Tupfen. Die mittlere Tülle macht schöne Schlangenlinien, Spiralen und Kreise, in die man rote Kirschen, gelbe Mirabellen oder blaue Weintrauben setzen kann.
- Plätzchenteig zu Kreisen ausstechen. Zwei Drittel davon backen. Aus dem restlichen Drittel Herzchen oder Sternchen stechen – möglichst aus der Mitte. Die »Kreise mit Loch« und die ausgestochenen Teile ebenfalls backen. Nun die ganzen Kreise mit Konfitüre oder Schokoglasur bestreichen und jeweils mit einem ausgestochenen Teil oder einem »gelochten« Kreis belegen.
- Den Keksteig zu unterschiedlich großen Sternchen oder Rosetten ausstechen und backen. Mit leuchtend roter oder gelber Konfitüre bestreichen und zwei Sternchen zusammensetzen.

Nachwort

Hat Ihnen die Gesundheit geschmeckt? Stöbern Sie nun in den Regalen nach Lebensmitteln, die Ihnen rundum Wohlbefinden schenken? Haben Sie dabei ganz neue ALDI-»Seiten« entdeckt? Dann ist es mir vielleicht gelungen, Sie von dem Prinzip »Gesund ist Genuss« zu überzeugen. Lassen Sie sich von meinem Buch und den vielen Wellness-Tipps darin verführen, selber kreativ zu sein: Mit ALDI-Produkten eigene Fitness-Rezepte zu erfinden, die Sie im Kreise Ihrer Familie, Ihrer Freunde und anderer netter Leute genießen.
ALDI bietet dazu ja eine ganze Menge: die Bioaktivstoff-Pakete Möhren, Tomaten, Paprikaschoten, Bananen und Äpfel, reichlich Milchprodukte und Käse, eine wunderbare Vielfalt an Brot, Gebäck und vollkörnigen Müslis, dazu Qualitäts-Honig und Teemischungen zum Frühstück, gutes Öl und Kräutermischungen für den Salat. In einigen Filialen gibt es auch frische Kräuter in Töpfen – mit Salbei, Basilikum und Petersilie können Sie Vegetarisches noch besser würzen, Fleisch noch bekömmlicher zubereiten. ALDI kümmert sich zudem um die Saison beim Frischen: Sellerie und Porree finden Sie im Winter, wenn andere Gemüse rar sind und Sie den Speisezettel durch das reichhaltige Angebot an TK-Gemüse bereichern sollten. Erdbeeren kommen zur richtigen Jahreszeit auf den Markt, danach verschwinden sie wieder.
Nur einige Spezial-Rezepte der gesunden Küche habe ich ganz weggelassen, weil die entsprechenden Produkte nicht im ALDI-Sortiment vertreten sind: Tofu und Kichererbsen, Couscous und Polenta, Spargel und Artischocken. Auch die Powergewürze frischen Knoblauch und Ingwer finden Sie bei ALDI noch nicht. Doch stete Nachfrage der VerbraucherInnen verbreitert das Angebot. Äußern Sie ruhig Ihre Anregungen – die ALDI-Mitarbeiter sind kompetent, freundlich und zeigen sich höchst interessiert an Kundenwünschen.

Alle Rezepte auf einen Blick

Sie haben genug von Hollywood-Diäten, Scampi- und Kartoffel-Kuren, die teuer, einseitig oder sehr aufwendig sind? Sie wollen preiswert und ohne großen Aufwand einkaufen und kochen, aber dennoch auf gesundem Weg abnehmen? Dann ist die Aldi-Diät genau das richtige für Sie! Denn alle Produkte, die für diese Kur benötigt werden, bekommen Sie schnell und preiswert in Ihrem nächsten Aldi-Markt. Und auch an die Familie ist gedacht: Mit weiteren Aldi-Zutaten lassen sich die Rezepte blitzschnell für »Normalesser« aufpeppen!

Das ernährungswissenschaftlich getestete 3-Wochen-Programm!

Sonja Carlsson
Gerhard Hörner

Die Aldi-Diät
Originalausgabe

Econ | ULLSTEIN | List

RG03